陆军 著

广西
有色金属冶炼产业技术专利态势分析：
以铝、铜产业为例

企业管理出版社
ENTERPRISE MANAGEMENT PUBLISHING HOUSE

图书在版编目（CIP）数据

广西有色金属冶炼产业技术专利态势分析：以铝、铜产业为例/陆军著.—北京：企业管理出版社，2022.3
ISBN 978-7-5164-2459-9

Ⅰ.①广… Ⅱ.①陆… Ⅲ.①有色金属冶金－冶金工业－专利技术－研究－广西 Ⅳ.① F426.32-18

中国版本图书馆 CIP 数据核字（2021）第 274076 号

书　　名：	广西有色金属冶炼产业技术专利态势分析：以铝、铜产业为例
书　　号：	ISBN 978-7-5164-2459-9
作　　者：	陆　军
策划编辑：	侯春霞
责任编辑：	侯春霞
出版发行：	企业管理出版社
经　　销：	新华书店
地　　址：	北京市海淀区紫竹院南路 17 号　　邮编：100048
网　　址：	http://www.emph.cn　　电子信箱：pingyaohouchunxia@163.com
电　　话：	编辑部 18501123296　　发行部（010）68701816
印　　刷：	北京虎彩文化传播有限公司
版　　次：	2022 年 5 月第 1 版
印　　次：	2022 年 5 月第 1 次印刷
开　　本：	710mm×1000mm　　1/16
印　　张：	12.5 印张
字　　数：	179 千字
定　　价：	68.00 元

版权所有　　翻印必究・印装有误　　负责调换

前言

广西是中国 10 个重点有色金属产区之一，致力于把有色金属工业发展成为国内竞争力强、对国际市场具备一定调控能力的产业。根据世界知识产权组织（WIPO）的统计结果，如果将专利文献信息应用在研究开发活动中，可以节约 40% 的科研经费与 60% 的研究开发时间。广西在铝、铜冶炼领域申请专利的表现远逊于国内经济强省（市）和资源大省，在核心技术掌握情况、专利数量和质量等方面与区外强省（市）相比差距明显。要充分发挥后发优势，缩短技术差距和赶超区外强省（市），广西的有色金属企业亟须认真借鉴和研究相关先进的专利技术，避免重复研究，提高自身的研发起点。

本书基于铝、铜冶炼产业情况和专利布局特点，对铝、铜冶炼领域涉及熔炼炉及其设备、电解槽设计及配套设备、火法冶炼、湿法冶炼、浮选技术、浸出工艺、"三废"处理、新材料和新工艺等方面的专利进行了介绍和分析，对相关领域的专利申请人、重要科学家和发明人，以及重大科研项目、重大冶炼工程项目、重要评奖项目等进行了全面梳理，涉及的相关专利具有较高的研究和使用价值，并且其中较大比重的专利现已失效，广西相关企业可以没有法律风险地加以借鉴和使用，进而提高广西企业在铝、铜冶炼方面的整体研发能力和技术实力。

本书是 2017 年广西科技计划"广西知识产权培训（南宁职业技术学院）基地培育试点"（桂科 AC17129084）项目成果。本书力图严谨、准确地表达所取得的研究成果，但囿于资料的局限性及笔者的能力和水平，书中疏漏错误恐难避免，希望各位专家和广大读者批评指正。

目 录

第1章 铝冶炼概述 ································· 1
1.1 铝冶炼产业概况 ····························· 1
1.2 铝冶炼技术概况 ····························· 2
1.2.1 金属热还原法 ··························· 2
1.2.2 小型预焙/自焙阳极电解槽炼铝 ············· 3
1.2.3 大型预焙阳极电解槽炼铝 ················· 3

第2章 铝冶炼专利总体状况分析 ················· 4
2.1 专利申请趋势分析 ··························· 4
2.2 申请专利技术状况分析 ······················· 5
2.2.1 C25C——铝电解技术方面 ················· 5
2.2.2 C01F——含铝化合物技术方面 ············· 13
2.2.3 C22B——铝的生产和精炼技术方面 ········· 15
2.2.4 C04B——矿渣等处理技术方面 ············· 19
2.2.5 C22C——铝合金电解、熔炼技术方面 ······· 20
2.3 专利申请地域状况分析 ······················· 28
2.4 专利请求无效状况分析 ······················· 30
2.5 专利转让状况分析 ··························· 32
2.6 专利许可状况分析 ··························· 34

第3章 广西铝冶炼专利状况分析 ················ 36
3.1 专利申请趋势分析 ························· 36
3.2 主要专利申请人状况分析 ······················· 37
3.2.1 桂林理工大学 ························· 38
3.2.2 南南铝业股份有限公司 ····················· 39
3.2.3 广西强强碳素股份有限公司 ··················· 39
3.2.4 中国铝业股份有限公司广西分公司 ················ 40
3.2.5 广西百色银海铝业有限责任公司 ·················· 41
3.2.6 广西师范大学 ························· 41
3.2.7 广西大学 ··························· 42
3.2.8 广西来宾银海铝业有限责任公司 ················· 43
3.2.9 广西南南铝加工有限公司 ···················· 44
3.3 申请专利技术状况分析 ························ 45
3.3.1 C25C3/08——电解槽结构方面 ················· 45
3.3.2 C25C3/12——电解槽阳极方面 ················· 45
3.3.3 C22B21/06——铝精炼方面 ·················· 46
3.3.4 C01F7/02——氧化铝方面 ··················· 46
3.3.5 C04B35/10——以氧化铝为基体的方面 ············· 47
3.4 专利法律状况分析 ·························· 48
3.5 专利许可状况分析 ·························· 48
3.6 专利转让状况分析 ·························· 49

第4章 铜冶炼概述 ····························· 51

第5章 铜冶炼专利总体状况分析 ····················· 53
5.1 专利申请趋势分析 ·························· 53

5.2 申请专利技术状况分析 ... 54
5.2.1 C22B15——铜的提炼技术方面 ... 54
5.2.2 C22B7——非矿石原料处理方面 ... 59
5.2.3 C02F——湿法从矿石中提取铜方面 ... 69
5.2.4 C25C1——电解法生产铜方面 ... 75
5.2.5 C02F1——废水、污水处理方面 ... 80

5.3 主要专利申请人状况分析 ... 88
5.3.1 中南大学 ... 89
5.3.2 昆明理工大学 ... 98
5.3.3 金川集团（股份）有限公司 ... 102
5.3.4 紫金矿业集团股份有限公司 ... 105
5.3.5 中国恩菲工程技术有限公司 ... 108
5.3.6 北京有色金属研究总院 ... 113
5.3.7 阳谷祥光铜业有限公司 ... 118
5.3.8 东北大学 ... 123
5.3.9 白银有色集团股份有限公司 ... 126
5.3.10 中国瑞林工程技术有限公司 ... 131

5.4 专利申请地域状况分析 ... 135
5.4.1 江苏省专利申请状况 ... 135
5.4.2 北京市专利申请状况 ... 136
5.4.3 湖南省专利申请状况 ... 138
5.4.4 广东省专利申请状况 ... 141
5.4.5 云南省专利申请状况 ... 142
5.4.6 浙江省专利申请状况 ... 143
5.4.7 江西省专利申请状况 ... 144
5.4.8 山东省专利申请状况 ... 147

    5.4.9 甘肃省专利申请状况 ………………………………… 149
    5.4.10 安徽省专利申请状况 ………………………………… 151
  5.5 专利请求无效状况分析 …………………………………… 153
  5.6 专利转让状况分析 ………………………………………… 154
  5.7 专利许可状况分析 ………………………………………… 156

第6章 广西铜冶炼专利状况分析 …………………………… 159
  6.1 专利申请趋势分析 ………………………………………… 161
  6.2 主要专利申请人状况分析 ………………………………… 161
    6.2.1 广西大学 ………………………………………………… 162
    6.2.2 岑溪市东正动力科技开发有限公司 …………………… 162
    6.2.3 广西有色再生金属有限公司 …………………………… 163
    6.2.4 来宾华锡冶炼有限公司 ………………………………… 165
    6.2.5 梧州漓佳铜棒有限公司 ………………………………… 166
    6.2.6 自然人张圆圆 …………………………………………… 167
    6.2.7 桂林漓佳金属有限责任公司 …………………………… 167
  6.3 申请专利技术状况分析 …………………………………… 167
    6.3.1 C22B——金属精炼方面 ……………………………… 168
    6.3.2 B03D——浮选工艺方面 ……………………………… 171
    6.3.3 C25C——电解法生产方面 …………………………… 172
    6.3.4 B03B——选矿方法方面 ……………………………… 172
    6.3.5 C04B——矿渣处理方面 ……………………………… 173
  6.4 专利法律状况分析 ………………………………………… 174
  6.5 专利转让状况分析 ………………………………………… 175

第7章 发展建议 ·· 178

7.1 保存实力,伺机待发 ··· 178
7.2 他山之石,可以攻玉 ··· 180
7.3 引以为戒,防微杜渐 ··· 181
7.4 按图索骥,谋求合作 ··· 182
7.5 学以致用,促进转化 ··· 183

参考文献 ··· 185

第1章 铝冶炼概述

1.1 铝冶炼产业概况

铝冶炼是指对铝矿山原料进行冶炼、电解、铸型及对废杂铝料进行熔炼等提炼铝的生产活动。

铝冶炼产业的主要产品为氧化铝、电解铝和再生铝。从生产流程上看，氧化铝是通过一系列化学过程从铝土矿中提炼出来的，电解铝是通过电解氧化铝得到的，而生产铝材的主要原材料是电解铝。铝行业包括上游的铝矿采选、中游的铝冶炼和下游的深加工，三者构成了铝行业内部完整的产业链。其中，铝冶炼产业在国民经济和社会发展中具有极其重要的地位和作用。

2010年，我国氧化铝产量达2895.50万吨，同比增长20.14%；2011年，产量达到3407.8万吨，开工率为86.50%。我国电解铝产量从2004年的652.71万吨增加到2010年的1619万吨，年复合增长率达到16.35%；2011年1—11月产量为1628.50万吨。2010年，我国再生铝产量达到400万吨，同比增长29%。

截至2010年末，我国铝冶炼产业规模以上企业有400余家，资产总额超过4200亿元。2010年，铝冶炼产业实现销售收入2910.50亿元，同比增长42.91%；实现利润总额104.41亿元，较上年大幅增长。截至2011年9月底，我国铝冶炼产业资产总额为4535.17亿元；2011年前9个月实现销售收入2813.24亿元，同比增长27.76%；实现利润总额116.00亿元，同比增长 57.87%。

根据国家统计局统计数据，2012 年，铝冶炼产业实现工业总产值 4197.47 亿元，同比增长 9.48%；实现销售收入 4239.65 亿元，同比增长 12.40%。

铝冶炼产业的产品主要应用在包装、电子信息、机械、建筑、汽车等行业，随着这些行业的不断发展，其对铝冶炼产品的需求将不断加大。根据前瞻网统计数据，2006—2010 年，我国铝冶炼产业销售收入年复合增长率为 11.41%。

目前，全球氧化铝产能持续扩张，资源受限较小。不同于铜矿的紧缺，铝土矿资源丰富，全球主要铝业公司在铝土矿资源丰富的国家不断新建和扩建氧化铝厂，实现铝土矿-氧化铝一体化运作，使得氧化铝产能持续扩张。根据 ALD 数据，截至 2020 年，全球氧化铝建成产能为 1.6 亿吨，运行产能为 1.27 亿吨，开工率为 79%；同期电解铝建成产能为 7531 万吨，运行产能为 6789 万吨，开工率为 90%。按照 1.93 吨氧化铝冶炼 1 吨电解铝，叠加非冶金级氧化铝需求综合测算，全球氧化铝产能已显现过剩，但 2021 年和 2022 年全球将有 2000 万吨氧化铝陆续投产，相较电解铝的增长停滞，氧化铝的持续产能扩张将使行业处于长期产能过剩的局面。

1.2 铝冶炼技术概况

在有色金属中，铝的发现和冶炼较晚——18 世纪末被发现，19 世纪初分离出单独金属，19 世纪末开始工业生产。铝冶炼技术的发展可大体分为三个历史阶段。

1.2.1 金属热还原法

1825 年，德国人韦勒用钾汞齐和钾还原无水 $AlCl_3$。

1845 年，法国人戴维尔用 Na 还原 $NaCl$-$AlCl_3$ 混合盐，开始小规模生产。

1855 年，德国人罗西用 Na 还原 Na_2AlF_6。

1865 年，俄国人别凯托夫用 Mg 还原 Na_3AlF_6，并建厂炼铝。

这一阶段，铝产量小（总共约 200 吨），生产成本高，未能广泛应用。

1.2.2 小型预焙/自焙阳极电解槽炼铝

1886 年，美国人霍尔和法国人埃鲁不约而同地申请冰晶石－氧化铝熔盐电解法炼铝专利，即以冰晶石为主的氟化盐作为熔剂，以氧化铝为熔质组成多相电解质体系。

最初槽型为小型预焙槽，20 世纪初出现侧插自焙阳极电解槽，20 世纪 40 年代出现上插自焙阳极电解槽，电解槽容量由最初的 2kA 发展到 80kA 或更高。

1.2.3 大型预焙阳极电解槽炼铝

20 世纪 50 年代，大型预焙铝电解槽出现，使电解炼铝技术迈向了大型化、现代化发展的新阶段，在产能、电流效率、能耗、环保、机械化和自动化程度等方面获得了很大发展，但其基本原理并未发生改变。

第2章 铝冶炼专利总体状况分析

笔者在 IncoPat 科技创新情报平台上检索铝冶炼领域的国内专利，检索和筛查后的结果为：截至 2021 年 3 月，相关专利共 14949 件，合并同族后为 11283 项专利族，其中发明专利 9587 件、实用新型专利 3028 件，具体情况如下。[①]

2.1 专利申请趋势分析

我国铝产业在进入 21 世纪后经历了一个快速发展的时期。2000—2011 年，我国氧化铝产量由 432.8 万吨增加到 3407.8 万吨，电解铝产量由 279.4 万吨增加到 1778.6 万吨，分别增长了 6.87 倍和 5.37 倍。2000—2011 年，我国氧化铝、电解铝产量的年均增长速度分别达到 21% 和 18%。我国已经成为铝生产、加工大国，铝产业的快速发展保证了国民经济的用铝需求。2000 年以来，我国铝冶炼专利申请量处于高速增长的态势，特别是 2006 年以后，国内铝冶炼专利申请量呈现井喷式增长的趋势（见图 2-1）。该现象与国内铝产业高速发展的态势相契合，表明国内铝冶炼企业都很重视该领域的研发投入和专利技术成果产出，国内铝冶炼技术创新目前处于较快的发展阶段。需要说明的是，图 2-1 中 2021 年专利申请量急剧下降是专利申请后的延迟公开造成的假象，并不能反映真实的专利申请情况。

---

① 如无特别说明，本书中数据统计的截止时间均为 2021 年 3 月。

图 2-1　铝冶炼专利申请趋势

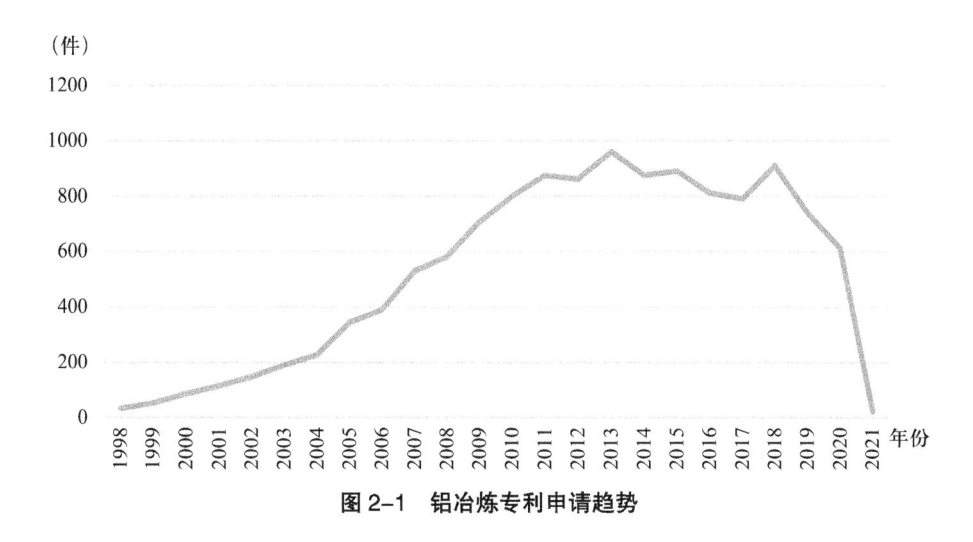

2.2　申请专利技术状况分析

铝冶炼领域申请专利技术状况如表 2-1 所示。

表 2-1　铝冶炼领域申请专利技术状况

单位：件

IPC 分类号	分类号含义	专利申请数量
C25C	电解法生产、回收或精炼金属的工艺；其所用的设备	3943
C01F	含铝化合物	2385
C22B	铝的生产和精炼	2147
C04B	石灰；氧化镁；矿渣；水泥；其组合物；人造石；陶瓷；耐火材料；天然石的处理	1566
C22C	铝合金	596

2.2.1　C25C——铝电解技术方面

该分类主要包括铝电解方面的技术，铝电解就是通过电解得到铝。铝电解生产技术可分为侧插阳极棒自焙槽生产技术、上插阳极棒自焙槽生产技术和预焙阳极槽生产技术三大类。自焙槽铝电解生产技术有装备简单、建设周期短、投资少的特点,但却有烟气无法处理、污染环境严重、机械化困难、劳动强度大、不易大型化、单槽产量低等一些不易克服的缺点,当前已基本上被淘汰。目前世界上大部分国家及生产企业都在使用大型预焙槽,槽的电流强度很大,不仅自动化程度高,能耗低,单槽产量高,而且满足了环保法规的要求。

我国以节能增产和环保达标为中心的技术改进与改造,促进自焙槽生产技术向预焙槽生产技术转化,获得了巨大成功。自2008年以来,我国铝电解企业在电解槽节能降耗方面取得了较大进展。电解槽槽型不断扩大、改良,运行电压不断下降,电流强度不断提高,电解槽的直流电耗不断降低,目前新设计的节能型电解槽运行电流强度通常不小于400kA,运行阳极电流密度在 $0.8A/cm^2$ 以上,吨铝直流电耗在12500kWh以下。单从电解槽吨铝直流电耗设计指标来看,国内商业化运行的电解槽设计指标已达到世界先进水平。

在专利申请方面,电解槽结构(IPC分类号为C25C3/08)方面的专利申请量为1048件,阳极(IPC分类号为C25C3/12)方面的专利申请量为860件,自动控制(IPC分类号为C25C3/20)方面的专利申请量为514件。

围绕节能和环保这两个主题,目前铝电解技术的发展集中在新电极材料、新电解工艺、基于现有电解质体系的工程化技术三个方面。

1. 新电极材料方面

新电极材料指的是惰性阳极材料(专利申请量为88件)和惰性阴极材料(专利申请量为7件)。

在惰性阳极技术方面,重要技术申请专利状况如表2-2所示。

表2-2 铝冶炼领域惰性阳极技术申请专利状况

序号	名称	申请号	申请日	申请人	法律状态
1	金属基铝电解惰性阳极及其制备方法	CN03111484.9	2003-04-18	石忠宁、邱竹贤、徐君莉	权利终止

续表

序号	名称	申请号	申请日	申请人	法律状态
2	一种铝电解的电解质	CN200910243387.2	2009-12-18	中国铝业股份有限公司	撤回
3	一种采用惰性阳极生产原铝的铝电解槽	CN200910243384.9	2009-12-18	中国铝业股份有限公司	授权
4	一种惰性阳极铝电解槽的预热启动方法	CN200910243383.4	2009-12-18	中国铝业股份有限公司	授权
5	铝电解的低温熔盐体系及使用该熔盐体系进行铝电解的方法	CN200810222100.3	2008-09-09	北京有色金属研究总院	驳回
6	一种铝电解用金属基复合材料惰性阳极及其制备方法	CN200510047669.7	2005-11-10	东北大学、中国铝业股份有限公司	权利终止
7	铝电解用复合合金惰性阳极及使用该阳极的铝电解方法	CN200910078956.2	2009-03-02	北京有色金属研究总院	授权
8	铝电解金属陶瓷惰性阳极的制备与组装方法	CN200610051287.6	2006-11-22	贵州大学	撤回
9	用于熔融浴电解生产铝的惰性阳极的制造方法	CN200480006674.7	2004-03-10	皮奇尼铝公司	权利终止
10	铝电解用惰性阳极材料或惰性阴极涂层材料的制备工艺	CN201210259155.8	2012-07-25	深圳市新星轻合金材料股份有限公司	驳回

从表 2-2 可以看出，申请专利的 10 项惰性阳极技术中只有 3 项处于授权状态，因此对于其他 7 项技术，广西相关单位可以直接使用和借鉴。

在惰性阴极技术方面，具体的专利申请状况如表 2-3 所示。

表 2-3　铝冶炼领域惰性阴极技术申请专利状况

序号	名称	申请号	申请日	申请人	法律状态
1	一种铝电解的电解质	CN200910243387.2	2009-12-18	中国铝业股份有限公司	撤回
2	铝电解金属陶瓷惰性阳极的制备与组装方法	CN200610051287.6	2006-11-22	贵州大学	撤回
3	铝电解用惰性阳极材料或惰性阴极涂层材料的制备工艺	CN201210259155.8	2012-07-25	深圳市新星轻合金材料股份有限公司	驳回
4	一种铝电解用高温导电粘结材料	CN03140521.5	2003-05-27	中南大学、中国铝业公司	权利终止
5	一种惰性电极铝电解槽	CN200610051288.0	2006-11-22	贵州大学	撤回
6	一种电解铝用惰性阴极及其制备方法	CN201210188425.0	2012-06-11	内蒙古联合工业有限公司	授权
7	铝电解用惰性阳极材料或惰性阴极涂层材料的制备工艺	CN201210161985.7	2012-05-23	深圳市新星轻合金材料股份有限公司	授权

从表 2-3 可知，国内涉及惰性阴极技术的专利较少，该技术可以成为广西相关企业重点突破的领域。

2. 新电解工艺方面

新电解工艺主要是指低温（专利申请量为 88 件）、低压（专利申请量为 87 件）的铝电解工艺，其中低温铝电解技术申请专利状况如表 2-4 所示。

表 2-4　低温铝电解技术申请专利状况

序号	名称	申请号	申请日	申请人	法律状态
1	一种铝电解的电解质	CN200910243387.2	2009-12-18	中国铝业股份有限公司	撤回

续表

序号	名称	申请号	申请日	申请人	法律状态
2	铝电解槽向低温电解过渡的生产方法	CN200610020959.7	2006-04-28	中国铝业股份有限公司	授权
3	铝电解的低温熔盐体系及使用该熔盐体系进行铝电解的方法	CN200810222100.3	2008-09-09	北京有色金属研究总院	驳回
4	一种低温熔盐电解制备铝及铝合金的方法	CN200610047809.5	2006-09-19	东北大学	权利终止
5	铝电解用复合合金惰性阳极及使用该阳极的铝电解方法	CN200910078956.2	2009-03-02	北京有色金属研究总院	授权
6	一种铝电解槽余热回收系统和装置	CN200710011378.1	2007-05-22	东北大学设计研究院（有限公司）、东北大学	权利终止
7	一种铝电解用硼化钛阴极材料及其制备方法	CN201010207080.X	2010-06-13	中国铝业股份有限公司	授权
8	一种低温电解生产铝的方法及其专用的铝电解槽	CN200510011143.3	2005-01-07	北京科技大学	撤回
9	一种铝电解方法	CN200610162010.0	2006-12-08	中国铝业股份有限公司	撤回
10	一种低温铝电解工艺及电解液	CN200910312193.3	2009-12-24	中南大学	权利终止

从表2-4可知，低温铝电解技术中有较多可以成为广西相关单位借鉴和使用的对象。

3. 基于现有电解质体系的工程化技术方面

基于现有电解质体系的工程化技术主要包括大型化铝电解槽（专利申请量为139件）及节能铝电解槽（专利申请量为494件）技术、自动化控制技术（专利申请量为96件）、废物处理和净化技术（专利申请量为935

件）三个方面。

在大型化铝电解槽技术方面，重要技术申请专利状况如表 2-5 所示。

表 2-5　大型化铝电解槽技术申请专利状况

序号	名称	申请号	申请日	申请人	法律状态
1	大型铝电解槽大修阴极的焊接方法	CN200410100968.8	2004-12-28	中国铝业股份有限公司	授权
2	铝电解金属陶瓷惰性阳极的制备与组装方法	CN200610051287.6	2006-11-22	贵州大学	撤回
3	一种铝电解槽母线配置方法	CN201010158476.X	2010-04-28	贵阳铝镁设计研究院	撤回
4	铝电解槽强制抽风冷却系统	CN200810229269.1	2008-12-03	沈阳铝镁设计研究院	驳回
5	一种大型铝电解预焙槽	CN200510047245.0	2005-09-20	东北大学设计研究院（有限公司）	权利终止
6	铝电解槽用石墨化阴极炭块及其制造方法	CN200410026089.5	2004-04-15	兰州海龙新材料科技股份有限公司	权利终止
7	一种加强大型铝电解槽槽壳散热的方法	CN03111412.1	2003-04-10	沈阳铝镁设计研究院	权利终止
8	节能环保自焙阳极铝电解槽	CN201010193881.5	2010-06-04	山西关铝股份有限公司	授权
9	一种大型预焙铝电解槽内衬结构	CN200710048985.5	2007-04-25	中国铝业股份有限公司	撤回
10	一种抗氧化性强的铝用预焙阳极制备方法	CN200610156326.9	2006-12-29	中国铝业股份有限公司	撤回

从表 2-5 可知，大型化铝电解槽领域的重要技术中有较多可以成为广西发展该领域技术的重要参考。

在节能铝电解槽技术方面，相关专利比较重要。铝工业发展过程中将消耗大量的资源和能源，其中电力是最基本的保障，也是最主要的制约因素。广西区内水能资源丰富但开发不足，水电用于电解铝生产所占比重不足50%，依靠清洁能源水电全面发展水-电-铝的战略设想一直难以实现。广西铝工业发展所需能源存在较大缺口，导致广西电解铝用电成本约占总成本的一半，这也是长期制约广西电解铝行业发展的瓶颈。可见，广西铝工业快速发展与区域资源、能源条件不足之间的矛盾比较突出，铝工业长远发展受到严峻考验。因此，研发节能型的铝电解槽技术对于广西铝工业意义重大，相关技术申请专利状况如表2-6所示。

表2-6 节能铝电解槽技术申请专利状况

序号	名称	申请号	申请日	申请人	法律状态
1	一种节能型铝电解槽阴极结构	CN200910010079.5	2009-01-13	沈阳铝镁设计研究院	授权
2	节能型铝电解槽阴极结构	CN200920011084.3	2009-03-03	沈阳铝镁设计研究院	放弃
3	一种节能型铝电解槽	CN200820177636.3	2008-11-21	高德金	权利终止
4	铝电解槽专用石墨碳素复合结构阴极碳块	CN200910136279.5	2009-05-05	高德金	撤回
5	一种节能型铝电解槽	CN200810181046.2	2008-11-21	高德金	撤回
6	一种具有倒角开槽阴极的新型节能铝电解槽	CN200910042624.9	2009-02-09	湖南创元铝业有限公司	撤回
7	一种节能型铝电解槽	CN200820081123.2	2008-04-23	云南涌鑫金属加工有限公司	授权
8	一种铝电解槽阴极碳块结构	CN201110315428.1	2011-10-08	高伟	撤回
9	基于节能的铝电解槽单阳极极距调整方法	CN200610032596.9	2006-11-16	中南大学	权利终止
10	铝电解槽节能阴极碳块结构	CN200910300131.0	2009-01-09	贵阳铝镁设计研究院	权利终止

从表 2-6 可知，高德金和高伟作为广西籍的专家，在该领域提交了多项专利申请，且相关技术对广西铝工业的发展比较重要，因此广西相关单位应该高度重视这些重要人才。另外，表中列举的大部分技术可以成为广西相关单位重点借鉴和学习的对象。

在废物处理和净化技术方面，相关专利对广西非常重要。广西铝工业大规模发展和高度集中布局，使得区域铝工业存在结构性污染的典型特征。目前，铝工业已经成为广西百色地区主要的大气污染源，颗粒物、二氧化硫等污染物控制压力大，特别是特征污染物氟化物排放量约占全区排放总量的90%以上，区域氟污染逐渐加重，厂区周边居民的健康面临威胁。可见，随着铝工业的规模扩张和集中布局，广西铝工业发展导致的环境污染将由"常规污染轻、氟污染显现"转变为"常规污染加剧、氟污染突出"。该领域的专利申请量较多，表明该领域是国内铝工业的重点研发方向，相关重要技术对广西相关单位具有较大价值，具体的专利申请状况如表 2-7 所示。

表 2-7　废物处理和净化技术申请专利状况

序号	名称	申请号	申请日	申请人	法律状态
1	铝电解阳极炭渣和废旧阴极材料的无害化处理及综合利用的方法	CN01138204.X	2001-11-20	舒大平、李国庆、郭树庭	撤回
2	一种综合利用铝电解废旧阴极炭块的方法	CN200810230201.5	2008-12-26	东北大学	授权
3	自焙阳极铝电解烟气干法净化系统	CN98112107.1	1998-06-22	田应甫	权利终止
4	电解铝含氟废渣的提纯方法	CN200910064292.4	2009-02-27	多氟多化工股份有限公司	驳回
5	一种铝电解槽废槽衬的无害化处理方法	CN200410042564.8	2004-05-24	中国铝业股份有限公司	授权
6	一种铝电解槽废阴极炭块无害化的处理方法	CN200510124019.8	2005-11-28	中国铝业股份有限公司	授权

续表

序号	名称	申请号	申请日	申请人	法律状态
7	一种从电解铝废阴极炭块中回收炭的方法	CN201010140908.4	2010-04-02	北京矿冶研究总院、中电投宁夏青铜峡能源铝业集团有限公司	授权
8	干湿法联合深度治理电解铝烟气新工艺	CN200810141269.6	2008-08-27	商丘市丰源铝电有限责任公司	权利终止
9	利用煤矸石处理铝电解槽废槽衬的方法	CN200810058935.X	2008-09-19	昆明理工大学	权利终止
10	铝电解槽废旧阴极炭块应用于电解槽焙烧两极导电材料及方法	CN200810017152.7	2008-06-27	山东南山铝业股份有限公司	授权

表2-7中没有广西相关企业提交的专利申请，可见广西铝工业企业在废物处理和净化技术方面应加大研发投入。另外，表中有5项技术可以成为广西相关单位重要的借鉴和学习对象。

2.2.2 C01F——含铝化合物技术方面

该分类主要包括生产氧化铝方面的技术。氧化铝，又称为三氧化二铝，分子量为102，通常称为"铝氧"，是一种白色无定形粉状物，俗称矾土，属原子晶体。2011年，中国氧化铝需求达到3819万吨，同比增长15%；2012年，氧化铝需求达到4200万吨，同比增长10%。中国还是全球最大的氧化铝生产国，2010年全球氧化铝产量为5635.50万吨，中国氧化铝产量达2895.50万吨，同比增长20.14%。

烧结法和拜耳法是目前工业生产氧化铝的主要方法。国外生产氧化铝绝大多数采用拜耳法，我国结合自己的资源情况，首创了拜耳-烧结混联法，极大地提高了氧化铝的总回收率。随着生产技术的不断提高，石灰拜耳法、选矿拜耳法等一些新的生产方法不断被应用到生产中来。在专利方面，主要涉及以下几类技术。

1. 拜耳－烧结混联法

拜耳－烧结混联法是一种用于处理 Al_2O_3 与 SiO_2 比为 5~7 的中等品位铝土矿的较经济的方法。这种方法的最大特点是可用烧结法系统所得的铝酸钠溶液来补充拜耳法系统中的碱损失。20世纪60年代后期，我国在处理低铁铝土矿时，由于拜耳法赤泥烧结配入的纯碱量不足以补充拜耳法系统的碱损失，因此采用拜耳法赤泥加入低品位铝土矿共同烧结的方法来扩大碱的来源。烧结法系统所产的铝酸钠溶液除补充拜耳法系统的碱耗外，多余的部分通过碳酸化分解产出氢氧化铝。混联法实际上相当于一个串联法厂与一个烧结法厂同时在生产。该领域主要的专利申请人是中国铝业股份有限公司、沈阳铝镁设计研究院有限公司、东北大学等，重要技术申请专利状况如表2-8所示。

表2-8 拜耳－烧结混联法领域申请专利状况

序号	名称	申请号	申请日	申请人	法律状态
1	利用粉煤灰和石灰石联合生产氧化铝和水泥的方法	CN200410090949.1	2004-11-12	内蒙古蒙西高新技术集团有限公司	授权
2	一种高铁含铝物料的综合利用技术	CN200810143855.4	2008-12-09	中南大学	权利终止
3	一种新型干法碱石灰烧结氧化铝的加工方法	CN200810233358.3	2008-12-16	重庆市博赛矿业（集团）有限公司	驳回
4	一种拜耳法赤泥粒径分级预处理铁铝回收方法	CN200910061697.2	2009-04-17	华中科技大学	驳回
5	一种改进的串联法生产氧化铝的方法	CN200710099830.4	2007-05-31	中国铝业股份有限公司	授权
6	一种氧化铝生产中排除碳酸盐的方法	CN200710118664.8	2007-07-12	中国铝业股份有限公司	授权

续表

序号	名称	申请号	申请日	申请人	法律状态
7	一种烧结法生产氧化铝的方法	CN201310262312.5	2013-06-27	中国铝业股份有限公司	驳回
8	一种一水型铝土矿生产氧化铝的母液处理方法	CN02125585.7	2002-07-23	中国铝业股份有限公司	授权
9	利用高硅低铝矿物原料生产氢氧化铝和硅酸及碳酸钠工艺方法	CN200910029327.0	2009-04-09	刘庆玲	撤回
10	一种氧化铝生产过程中补碱的方法	CN02125584.9	2002-07-23	中国铝业股份有限公司	撤回

从表2-8可知，该领域很多技术可以成为广西相关单位重点研究和借鉴的对象。

2. 一水硬铝-拜耳生产氧化铝技术

一水硬铝-拜耳生产氧化铝技术有效地利用了我国大量的中低品位铝土矿，降低了氧化铝的生产成本。涉及石灰拜耳法技术的专利和选矿拜耳法技术的专利分别有25件和4件；涉及提高磨矿效率、降低磨矿成本技术的专利有49件；涉及烧结法熟料烧成强化技术的专利有5件；涉及赤泥分离技术的专利有65件；涉及熟料溶出技术的专利有85件；涉及粗液脱硅技术的专利有17件；涉及拜耳法强化溶出技术的专利有24件；涉及氧化铝闪速焙烧技术的专利有5件；涉及分解技术的专利有18件；涉及蒸发技术的专利有20件；等等。

上述专利技术分布情况与国内生产氧化铝企业对生产流程进行优化的途径和措施吻合。

2.2.3 C22B——铝的生产和精炼技术方面

铝精炼是除去工业纯铝的杂质，产出精铝或高纯铝的过程。一般工业纯铝是指用冰晶石-氧化铝熔盐电解法在工业铝电解槽中生产出来的铝，又称为原铝,其纯度为 99.5%~99.8%,这是大宗的铝产品,广泛应用于国民经济的各个部门。但在一些特殊领域需要使用纯度更高的铝,其中包括精铝,其纯度为 99.99%,以及高纯铝,其纯度达到 99.999% 或更高。随着国内外电子工业的迅猛发展和铝加工技术水平的提高,对精铝生产技术水平的要求也上了一个台阶。目前在国际上广泛采用的铝精炼法是熔融盐电解的三层液电解精制法和利用在凝固时的偏析现象而提纯的偏析法。

在专利方面,主要涉及以下几类技术。

1. 三层液电解精制法

该方法是目前工业生产高纯度铝的最主要方法。三层液电解精制法的基本原理为:利用精铝、电解质和阳极合金的密度差形成液体分层,在直流电的作用下,熔体中发生电化学反应,即阳极合金中的铝通过电化学溶解,生成 Al^{3+} 离子,即 $Al-3e=Al^{3+}$;Al^{3+} 离子进入电解液以后,在阴极上放电,生成金属铝,即 $Al^{3+} + 3e=Al$;合金中 Cu、Si、Fe 等元素不溶解,在一定浓度范围内仅积聚于阳极合金中,这是由于其电位均正于铝,且在合金中还有足够量铝的缘故;而合金中夹杂的 Na、Ca、Mg 等几种电位负于铝的元素同铝一起溶解,生成 Na^+、Ca^{2+}、Mg^{2+},进入电解液并积聚起来,在一定浓度、温度与电流密度下,这些杂质不会在阴极上放电,因此在阴极上得到纯度较高的精铝。该领域重要技术申请专利状况如表 2-9 所示。

表 2-9 三层液电解精制法领域申请专利状况

序号	名称	申请号	申请日	申请人	法律状态
1	真空出铝包	CN200420151031.9	2004-12-31	新疆众和股份有限公司	权利终止
2	一种生产超纯铝的方法	CN200410098927.X	2004-12-16	北京科技大学	权利终止
3	精铝槽料室加铝自动搅拌升降装置	CN201220331878.X	2012-07-10	新疆众和股份有限公司	放弃
4	一种高纯铝钪合金的生产方法	CN03153785.5	2003-08-21	中国铝业股份有限公司	授权

续表

序号	名称	申请号	申请日	申请人	法律状态
5	铝液搅拌器	CN200320111833.2	2003-12-29	新疆众和股份有限公司	权利终止
6	用于三层液精铝槽的抬包吸铝嘴装置	CN201210192061.3	2012-06-12	贵阳铝镁设计研究院有限公司	驳回
7	精铝槽料室加铝自动搅拌升降装置	CN201210237213.7	2012-07-10	新疆众和股份有限公司	授权
8	一种三层液精炼铝工艺及其精炼铝电解槽专用阴极	CN200410098915.7	2004-12-14	北京科技大学	撤回
9	一种三层液精铝生产用新型阴极	CN201420805012.7	2014-12-19	内蒙古新长江矿业投资有限公司	授权
10	一种三层液精铝槽燃气焙烧启动方法	CN201510214559.9	2015-04-30	内蒙古新长江矿业投资有限公司	实质审查

从表2-9可知，在三层液电解精炼铝技术方面，新疆众和股份有限公司多年来保持深耕，具有不错的持续创新能力；内蒙古新长江矿业投资有限公司近年来加强了该领域的技术研发，比较值得关注。另外，对于该领域的较多技术，广西相关单位可以没有风险地加以借鉴和使用。

2. 分步结晶解析法

广西的南南铝业股份有限公司在该领域申请了一件名为"高纯铝的提取方法和设备"的专利（申请号为CN201210070142.6）。值得关注的是，法国肯联铝业公司也在该领域申请了一件名为"来自航空工业的铝合金废料的回收方法"的专利（申请号为CN200780023435.6）。广西的南南铝业股份有限公司可以高度关注和参考相关专利技术，强化广西企业在国产大飞机项目中的作用和地位。

3. 定向凝固解析法

西北工业大学、上海交通大学、昆明冶金研究院、河南中孚实业股份有限公司在该领域申请了多项专利，可见其研发实力较强，广西相关企业可以考虑与西北工业大学和上海交通大学开展产学研合作。该领域重要技术申请专利状况如表2-10所示。

表2-10 定向凝固解析法领域申请专利状况

序号	名称	申请号	申请日	申请人	法律状态
1	定向凝固提纯高纯铝的方法及其熔炼炉	CN201110224938.8	2011-08-08	新疆众和股份有限公司	授权
2	一种获得氧化铝基三元熔体生长陶瓷组织形貌的方法	CN201010535508.3	2010-11-04	西北工业大学	授权
3	原铝连续换液定向凝固连铸提纯方法	CN01132329.9	2001-11-29	上海交通大学	权利终止
4	定向凝固提纯铝的装置	CN85201157.1	1985-04-01	大连工学院	权利终止
5	一种获得氧化铝基二元共晶熔体生长陶瓷组织形貌的方法	CN201010535582.5	2010-11-04	西北工业大学	授权
6	一种获得氧化铝基三元熔体生长陶瓷组织形貌的方法	CN201010535593.3	2010-11-04	西北工业大学	授权
7	一种连续偏析提纯精铝及高纯铝的方法及设备	CN201210401987.9	2012-10-21	昆明冶金研究院	授权
8	定向凝固提纯高纯铝的熔炼炉	CN201120285058.7	2011-08-08	新疆众和股份有限公司	放弃
9	一种获得氧化铝基二元共晶熔体生长陶瓷组织形貌的方法	CN201010535585.9	2010-11-04	西北工业大学	授权
10	高纯铝定向凝固短流程提纯设备	CN201420728053.0	2014-11-28	河南中孚实业股份有限公司	放弃

4. 精炼工艺

精炼工艺对铝液质量具有关键的影响，也是最终决定产品质量的重要因素之一，其中旋转除气法因其设备简单且易于控制精炼质量而被行业广泛应用。在该领域具体的专利申请状况如表 2-11 所示。

表 2-11 精炼工艺领域申请专利状况

序号	名称	申请号	申请日	申请人	法律状态
1	一种利用钒铝合金和铝制造铝钒中间合金的方法	CN201210017035.7	2012-01-19	湖南金联星特种材料股份有限公司	授权
2	一种新型铝合金熔体精炼净化装置	CN201120544375.6	2011-12-20	江苏凯特汽车部件有限公司	权利终止
3	一种利用钒铝合金和铝制造铝钒中间合金的方法	CN201210017035.7	2012-01-19	永城金联星铝合金有限公司	授权
4	一种熔铸炉铝水搅拌除气装置	CN201420039916.3	2014-01-22	福州钜全汽车配件有限公司	授权
5	离心散射泵式铝合金除气机	CN201611057162.4	2016-11-26	中信戴卡股份有限公司	实质审查
6	铝熔体在线除气可旋转装置	CN201210195305.3	2012-06-14	亚太轻合金（南通）科技有限公司	驳回
7	铝熔体在线除气可旋转装置	CN201220279388.X	2012-06-14	亚太轻合金（南通）科技有限公司	授权

从表 2-11 可知，该领域专利申请数量不多，专利的申请主体不是传统的铝冶炼企业，因此该领域可以成为广西相关科技公司或特种材料企业开展研发的重要方向。

2.2.4 C04B——矿渣等处理技术方面

铝渣是在废铝重熔、精炼和铸造中因表面铝熔体与炉内气氛接触反应形成的一层松散浮渣。同时，由于操作和测定器具的携带、阳极更换、出铝、铸锭以及电解槽大修，也会产生一定量的铝渣。刚出炉的铝灰铝渣含有大量的金属铝，其中只有部分铝能得到回收，剩余的废铝灰堆积在厂区或被填埋，不仅造成资源的浪费，也带来环境的污染。再生铝生产是对铝废料重熔、精炼并调整成分，重新铸成铝制品。相对于原生铝，每生产1吨再生铝可节约3.4吨标准煤和14立方米水。在倡导低碳循环经济的背景下，再生铝产业有很大的发展前景。

在铝渣利用、处理方面的专利情况具体如下：在利用铝渣制造耐火材料和陶瓷等领域共有1071件专利，其中山东大学、中国科学院上海硅酸盐研究所、武汉科技大学、中国铝业股份有限公司等单位申请了多项专利，研发实力最强；在盐浴翻炒法领域共有21件专利（盐浴翻炒法是指采用盐类覆盖铝渣，在高温下翻炒，使金属铝与其他杂质分离、聚集并回收），其中内蒙古蒙西高新技术集团有限公司和东北大学申请了多项专利，研发实力比较强。

另外，还有专利涉及压榨法、搅拌法、离心力法等其他铝渣处理工艺，这些工艺在原理上主要是通过加压、搅拌、离心作用等物理方式，加速包覆在金属铝表面的氧化膜破裂，促进铝滴的积聚长大，与渣相分离，在一定程度上替代了熔盐的作用，其中涉及压榨法的专利有8件，涉及搅拌法的专利有26件，涉及离心力法的专利有7件。铝渣经过热法处理回收铝液后，通常使用冷处理工艺进一步回收残余的金属铝，其中破碎筛分法是一种有效的冷处理方法，涉及该技术的专利共有10件，中国铝业股份有限公司在该领域的技术实力很强。利用浮选法处理铝矿渣的专利有3件。在铝灰中非金属成分再利用方面，共有14件专利，其中上海交通大学申请的专利——"利用废弃物铝灰制造耐火原材料的方法"（申请号为CN200610116286.5）比较重要，目前该专利已经失效，可以无风险地加以使用。在铝灰的浸出工艺方面，国内共有4件专利涉及酸浸技术，4件专利涉及碱浸技术，但相关专利都是由潘国明、余红发等自然人申请，相关技术可能尚未成熟，所以未被企业采用。

2.2.5　C22C——铝合金电解、熔炼技术方面

铝合金是以铝为基的合金总称，主要合金元素有铜、硅、镁、锌、锰、

次要合金元素有镍、铁、钛、铬、锂等。铝合金是工业中应用最广泛的一类有色金属结构材料，已在航空、航天、汽车、机械制造、船舶及化学工业中大量应用。铝合金是在纯金属熔炼的基础上，加上其他合金元素配制而成的，因此，在配制合金以前，应依所需配制的合金的成分要求，选择所需的纯金属的品位。

该领域专利情况具体如下。

在利用电铝热法生产铝合金方面，共有专利 128 件，其中涉及制备钒铝合金的专利有 28 件。值得关注的是，2013 年由河北钢铁集团承钢公司承担的国家科技支撑计划项目"钒系列合金材料高效制备及产业化技术研究"，在钒合金材料制备技术方面取得突破性进展，其创新工艺"电铝热法"生产钒铝合金技术为世界首创，成功冶炼出航空航天终端用 55 钒铝合金（含钒 55% 的钒合金），产品达到世界钒铝合金生产领军企业——德国 GFE 公司制定的 55 钒铝合金产品标准，并摸索出多项工艺参数，为下一步建立工业生产线奠定了坚实基础，这一技术突破有望改变我国航空航天级钒铝合金长期依赖进口的局面。河北钢铁股份有限公司承德分公司申请的专利——"电铝热法冶炼钒铝合金的方法"（申请号为 CN201210357559.0）涉及上述技术，另外攀钢集团攀枝花钢铁研究院有限公司在相关专利申请中声称也能制备出宇航级的钒铝合金（申请号为 CN201410065632.6）。相关专利技术对于国产大飞机等重大专项意义重大，可以成为广西铝业公司重点研究的对象。

在再生铝熔炼技术方面，共有 32 件专利，其中怡球金属资源再生（中国）股份有限公司、南昌大学和哈尔滨理工大学申请了多项专利，技术实力较强。

铝冶炼领域主要专利申请人专利申请数量如表 2-12 所示。

表 2-12 铝冶炼领域主要专利申请人专利申请数量

单位：件

序号	申请人	专利申请数量
1	中国铝业股份有限公司	738
2	贵阳铝镁设计研究院	313

续表

序号	申请人	专利申请数量
3	贵阳铝镁设计研究院有限公司	231
4	中南大学	196
5	东北大学	192
6	沈阳铝镁设计研究院有限公司	167
7	沈阳铝镁设计研究院	157
8	中国石油化工股份有限公司	142
9	东北大学设计研究院（有限公司）	137
10	上海交通大学	114
11	河南中孚实业股份有限公司	99

铝冶炼领域主要专利申请人具体情况如下。

1. 中国铝业股份有限公司

中国铝业股份有限公司（以下简称中铝）是中国铝工业的龙头企业，专利申请量雄踞榜首。中铝于2001年9月10日注册成立，目前是中国铝行业中唯一集铝土矿勘探、开采、氧化铝、原铝和铝加工生产、销售，技术研发于一体的大型铝生产经营企业，是中国最大的氧化铝、原铝和铝加工材生产商，是全球第二大氧化铝生产商、第三大原铝生产商。2012年，公司在《财富》世界500强中排名第298位。

该公司的专利技术分布比较广，专利以铝电解技术为主，在氧化铝生产方面有很强的技术实力，在金属精炼、合金处理、废料处理等方面的研发能力也不错。中铝不仅自主研发实力雄厚，而且经常与中南大学、东北大学、沈阳铝镁设计研究院、核工业北京地质研究院开展产学研合作。另外，中铝还与甘肃工大电子科技有限公司、江西世星新材料科技有限公司甚至自然人蔡祺风等进行过合作研发。值得一提的是，中铝与广西师范大学开展合作研发，申请了铝电解用硼化钛阴极涂层浆料方面的专利（申请号为CN201010217982.1）。广西相关单位也应该与区内高校开展类似的产学研合作。

2. 贵阳铝镁设计研究院、贵阳铝镁设计研究院有限公司

这两个单位实为一家，所以合并进行分析（以下将这两个机构均称为

贵阳铝镁设计院）。贵阳铝镁设计院成立于1958年，隶属于中国铝业公司，是我国最具实力的轻金属冶炼设计科研单位之一，是国家有色冶炼、建筑设计、工程建设总承包甲级单位和"国家级专利示范企业"，业务范围涵盖工程设计、工程咨询、工程监理、工程总承包及新技术、新工艺、新装备的研究与开发等领域。贵阳铝镁设计院获得国家优秀工程设计奖金奖3项、银奖4项，拥有200多项专利技术。为使这些成果尽快地转化为生产力，贵阳铝镁设计院与国内知名企业合作，建立了多个研发基地，开发出一系列代表中国铝工业技术装备水平并拥有自主知识产权的专有技术和专用设备，使中国铝工业的技术和装备达到世界先进水平。

作为全国两大专业有色轻金属冶金设计单位之一，贵阳铝镁设计院技术力量强，人才众多，管理水平高，已设计并建成多个铝电解厂，其中所设计的大型预焙槽铝厂的产能占全国的70%以上，这些厂均采用该院开发的最新铝电解技术和设备，其技术与装备已达到国内领先、国际先进水平。结合我国铝工业的生产实际和发展情况，该院不断进行技术创新与技术开发，保持与国际铝电解技术同步发展。

该院在铝电解技术方面的研发实力颇为雄厚，在国内首先开发了200KA级、240KA级、280KA级、320KA级大型预焙铝电解槽及配套的控制和装备技术，并申请了相关专利，包括"预焙阳极铝电解槽的制作方法"（申请号为CN200410040451.4）、"铝电解槽阴极结构"（申请号为CN200910300310.4）、"超大型预焙阳极铝电解槽的上部结构配置"（申请号为CN200420060186.1）、"大型预焙阳极铝电解槽阴极方钢压接装置"（申请号为CN03234228.4）、"阳极铝电解槽四吊点提升装置"（申请号为CN200520200470.9）等。上述涉及大型或超大型预焙阳极铝电解设备的专利均为实用新型专利，目前已到期失效，可以无风险地借鉴和使用。

该院在将计算机应用于铝工业方面具有较高的水平，代表性专利包括："一种铝电解槽阳极效应的计算机熄灭方法"（申请号为CN200810300260.5）、"铝电解多功能机组远程监控系统"（申请号为CN200910311400.3）、"采用雷达实时监测铝电解槽内熔融铝液界面的装置"（申请号为CN201220288037.5）

等。这些专利之中有较多已失效，可以成为重要的研究和借鉴对象。

3. 中南大学

中南大学坐落在中国历史文化名城长沙市，是中央直管、教育部直属的湖南省唯一的副部级大学。冶金与环境学院是中南大学中传统学科与新兴学科交相辉映且久负盛名的重要二级学院。其前身"有色金属冶金系"设立于1952年，由武汉大学、湖南大学等五所院校的冶金类系、科合并进入中南矿冶学院后组建而成，办学历史可追溯至1906年，其人才培养质量和科技成果驰誉神州，在国际上亦有重要影响。学院建有1个国家工程实验室（难冶有色金属资源高效利用国家工程实验室），建有9个省部级科技创新平台（国家环境保护有色金属工业污染控制工程技术中心、有色行业冶金分离科学与工程重点实验室、有色行业重金属污染防治工程技术研究中心、有色行业清洁冶金工程研究中心等）。

该校在铝电解技术方面实力不俗，在氧化铝生产、铝精炼、固体废物处理等方面也具有一定的研发实力。在产学研合作方面，该校与中国铝业股份有限公司、湖南中大业翔科技有限公司、河南能源化工集团研究院有限公司、南瑞（武汉）电气设备与工程能效测评中心、山东铝业公司等存在合作。该校在专利转让和许可方面乏善可陈，目前只转让了一项专利——"从废铝基催化剂中提取钒、钼、镍、钴、铝的方法"（申请号为CN200510031558.7），该校没有对外许可过铝冶炼领域的专利，广西相关单位想获取该校的专利技术许可可能存在一定难度。

4. 东北大学和东北大学设计研究院（有限公司）

上述两个单位实质是一家，所以合并进行分析（以下均称为东北大学）。东北大学是教育部直属的全国重点大学，是首批列于"211工程"和"985工程"重点建设的高水平研究型大学，也是国家"111计划"和"卓越计划"重点建设的名牌大学。东北大学是首批成立国家大学科技园的15所高校之一。东北大学材料与冶金学院成立于1996年10月，由原钢铁冶金系、有色金属冶金系、材料科学与工程系、热能工程系、金属压力加工系合并组建而成，是国内第一个集材料、冶金、热能工程、环境科学等现代工业与传统工业科学于一体的二级学院。

在铝电解方面，该校拥有较强的专利技术实力，但其铝电解专利的失效率超过56%，表明该校在该方面专利的管理上可能存在一定问题。

在铝精炼方面，该校的专利研发能力也较强，并且该方面的专利存在较多转让和许可的案例。广西相关单位可以重点关注该校的"高铁低品位铝土矿的综合利用方法"（申请号为CN201210069935.6）、"铁铝共生矿中有价金属元素的综合利用方法"（申请号为CN201410179437.6）等专利。

在氧化铝生产方面，该校申请了较多专利，但该方面的专利较少转让或许可。广西相关单位可以重点关注"用于拜尔法生产氧化铝工艺中的添加剂及其制备方法"（申请号为CN201210051478.8），该专利是东北大学和贵州若顿科技开发有限公司共同申请的，专利的先进性和成熟度不错，且该专利现已失效，可以无风险地加以使用。

5. 沈阳铝镁设计研究院和沈阳铝镁设计研究院有限公司

上述两个单位实质为一家，所以合并进行分析（以下均称为沈阳铝镁设计院）。沈阳铝镁设计院是我国最早建立的大型综合性甲级设计研究单位之一，隶属于中国铝业公司工程技术板块中铝国际工程股份有限公司，是全国勘察设计综合实力百强单位。经营范围主要为有色冶金、建筑工程、市政公用、建材（水泥）、矿山、电力、化工、机械、轻工、环保等工程的规划、技术咨询、可行性研究、设计与科研、工程总承包与监理。该院长期致力于氧化铝、铝电解工程设计和工艺技术的研究与开发，多项技术达到了国际领先水平，整体技术处于国际先进水平。沈阳铝镁设计院的SY500电解槽在技术性能上可与普基铝业的AP50电解槽媲美，并已在兰州连城铝厂建成投入使用。

在铝电解方面，该院拥有较多专利，主要涉及预焙阳极铝电解槽以及槽壳的研制和使用方法、烟气净化等技术。该院在该方面的专利存在较多转让和许可的案例，广西相关企业可以重点关注该院的相关专利。

在氧化铝生产方面，该院申请了多项专利，主要涉及铝土矿选精矿、高压溶出、硫酸铵混合焙烧等技术，但该方面的专利转让和许可比较少。

在固体废物处理方面，该院申请了多项专利，主要包括利用粉煤灰制备氧化铝技术。该院在该领域的专利多已失效，可以成为广西相关单位重点借鉴的对象。另外，该院该方面的技术未能实现转化，并且存在较多专利申请被驳回的现象，表明该院在固体废物处理方面的技术有待完善。

6. 中国石油化工股份有限公司

中国石油化工股份有限公司是1998年7月在原中国石油化工总公司基础上重组成立的特大型石油石化企业集团。由于活性氧化铝常用作石油化学工业中的干燥剂、净化剂、催化剂及催化剂载体，因此石油化工产业也会产生较多涉及氧化铝制备和使用的专利技术。

中国石油化工股份有限公司的绝大部分专利集中在氧化铝载体、多孔氧化铝、拟薄水铝石等氧化铝的制备及其应用等方面，但相关专利没有实现转让或许可，所以该公司申请的专利可能不会成为广西相关单位重点关注的对象。

7. 上海交通大学

上海交通大学位于中国的直辖市、国家中心城市上海，是由教育部直属的一所具有理工特色，涵盖理、工、医、经、管、文、法等9大学科门类的综合性全国重点大学，是中国首批七所"211工程"、首批九所"985工程"重点建设院校之一，入选"珠峰计划""111计划""2011计划""卓越医生教育培养计划""卓越法律人才教育培养计划""卓越工程师教育培养计划""卓越农林人才教育培养计划"，是"九校联盟"、21世纪学术联盟的重要成员。

上海交通大学是中国最早建立材料科学与工程学科的高校单位之一，其材料科学与工程一级学科是首批国家重点学科，也是交大特色级王牌优势学科。上海交通大学师资力量雄厚，有中国科学院院士1人，中国工程院院士4人。该校材料学院在2016年QS世界排名中名列第31位，国内排第2位，仅次于清华大学。该学院发表论文数全球排名第10名，论文被引次数全球排名第27名。材料学科连续多年入围ESI世界前千分之一学科。学院学术研究成果及多项关键技术成果成功应用于航空、航天、汽车、通信、新能源、船舶海洋及核电等重大工程装备，解决了诸多国家重要领域的关键性问题。

该校专利主要涉及去除铝合金杂质、铝熔体喷雾除氢、高纯铝提纯、介孔氧化铝制备方法等技术。该校专利较多实现了转让或许可，可以成为广西相关单位重点关注的对象。

8. 河南中孚实业股份有限公司

河南中孚实业股份有限公司是一家以发电、铝电解及铝深加工为核心产业的大型现代化企业，2002年6月在上海证券交易所挂牌上市。2008年，公司实现销售收入647102万元、利润总额27759万元、净利润19458万元。河南中孚实业股份有限公司是河南省政府重点支持的七大铝加工集团之一。

2002年上市以来，公司以科学发展观为指导，坚持发展不放松，形成了"以产业为基础、以资本运营和科技创新为双翼"的崭新发展模式，并为之不懈努力。公司按照产业政策的要求，不断进行结构调整以完成产业升级。公司在国内有色行业中率先完成股权分置改革，法人治理结构日臻完善。通过战略重组，公司先后收购河南省银湖铝业有限责任公司、林州市林丰铝电有限责任公司，大步跨进铝深加工行业。随着Marco集团入主大股东豫联集团，公司内部管理及市场逐步与国际接轨。公司大力实施科技创新战略，一举攻克铝电解系列不停电停、开槽世界性难题，牵头成立"铝行业技术创新战略联盟"，承担的国家发展改革委的重大产业技术开发专项——"300KA级铝电解槽综合节能技术开发"项目已顺利通过鉴定验收。

在专利方面，该公司申请的专利基本上都与铝电解槽相关。值得注意的是，该公司专利的失效率高达76.8%，其中大部分是授权后未按时缴纳年费而失效的，这表明该公司在专利管理或经费方面可能存在一定问题，相关失效专利可能对广西相关单位有较高的参考和借鉴价值。

2.3 专利申请地域状况分析

铝冶炼领域专利申请地域状况如表 2-13 所示。

表 2-13 铝冶炼领域专利申请地域状况

单位：件

序号	申请人所在地	专利申请数量
1	北京	1436
2	辽宁	1040
3	河南	868
4	贵州	695
5	江苏	539
6	山东	447
7	湖南	416
8	上海	386
9	浙江	278
10	云南	277
11	四川	247
12	广西	241

专利申请数量排名前 10 名的省份之中，除了北京之外，传统的经济强省（市）如上海、广东、江苏、浙江等的表现都不太抢眼，其原因可能在于：一方面是铝冶炼产业依赖自然矿产资源条件，另一方面是铝冶炼产业存在能耗较大、环境污染严重、产能过剩等现实问题，这些经济强省（市）都选择了能耗小、劳动附加值高的其他产业进行发展。总体来说，辽宁、河南和贵州等地的铝冶炼技术发展状况和产业升级发展模式可能对广西更有借鉴意义，因此本书将重点分析这几个省份。

北京作为我国的首都，拥有丰富的资源和便利的条件，是众多大型央企、国企总部所在地和优秀高校、科研院所的聚集地，其中中国铝业股份有限公司、中国石油化工股份有限公司、北京有色金属研究总院、中国神华能源股份有限公司、北京科技大学、中国科学院、清华大学、北京化工大学和北京矿冶研究总院等单位的专利申请数量较为可观。从技术扩散角度来看，大部分北京的专利权人很少向系统外输出专利技术，只有北京科技大学在废杂铝再生利用等方面的专利技术进行了转让或许可，因此可以成为广西企业重点关注的对象。

辽宁是我国重要的老工业基地之一。多年来，辽宁在铝冶炼领域并没有因为东北三省重工业的衰落而止步不前，而是一直在默默发展，蓄势待发。辽宁在铝冶炼领域的专利申请数量遥遥领先于众多省份，原因在于东北大学、沈阳铝镁设计研究院（以及沈阳铝镁设计研究院有限公司）、大连理工大学、沈阳化工大学、沈阳工业大学等辽宁高校和科研院所的研发实力超群。在产学研合作方面，东北大学与中国铝业股份有限公司、沈阳铝镁设计研究院有限公司、贵州若顿科技开发有限公司、伊川电力集团总公司、沈阳博瑞特冶金新技术发展有限公司、沈阳北冶冶金科技有限公司等省内外单位均有合作关系。值得一提的是，东北大学曾与中国铝业股份有限公司广西分公司共同申请过涉及铁铝共生矿的综合利用方法的专利（申请号为CN201210069914.4）。

河南作为内陆大省，自然矿产资源丰富，其与辽宁的重要不同之处在于，河南高校和科研院所的研发实力平平，其主要专利权人为生产型的实业公司，如河南中孚实业股份有限公司、郑州经纬科技实业有限公司、郑州发祥铝业有限公司、郑州轻冶科技有限公司等。这些公司申请的专利基本与铝电解技术有关，与高校申请的专利相比，其更加具有实用性，技术的成熟度和产业化程度更高，因此河南在铝电解方面的科研生产实力处于全国领先地位。河南的专利申请大户较少对外扩散专利技术，这对广西引进成熟铝电解技术较为不利。

贵州与广西的地理位置、地质特点、自然资源、气候条件和经济状况等最为接近，但是该省在铝冶炼领域的专利技术实力却远超广西。该省的专利技术也以铝电解技术为主，主要的专利权人为贵阳铝镁设计研究院和贵阳铝镁设计研究院有限公司（以下均简称为贵阳铝镁设计院），其技术实力极为雄厚，申请的相关专利共有556件，合并同族后为458项，接近贵州专利总量的80%。从专利的许可、转让以及管理情况来看，贵阳铝镁设计院专利技术的溢出和扩散效应不佳，除单位之间的内部交易外，其只对外许可了8项专利，而且其中有5项专利在保护期限内因未按时缴纳年费而失效，表明该单位在专利管理方面也存在一定不足。在转让方面，该单位以将专利权从单独所有改为共同共有的方式转让了12项专利，受让后的共同专利权人包括中铝国际技术发展有限公司、青铜峡铝业集团有限公司、中国铝业股份有限公司等，其中也有若干项专利因未按时缴纳年费而失效。值得一提的是，广西的平果铝业公司和贵阳铝镁设计研究院有限公司共同提交了一项涉及铝电解生产控制系统的专利申请（申请号为CN01107368.3），平果铝业公司后来将该技术转让给了中国铝业股份有限公司。虽然该专利申请最终被专利局驳回，但广西的企业在一定程度上获得了经济收益，因此广西的相关企业可以继续加强与该单位的技术合作。

依托丰富的铝土矿资源，铝产业已经成为广西重要的支柱产业，连年为全区经济发展做出了重要贡献。但从上文可知，在铝冶炼领域，广西的专利申请数量排名比较靠后，无论是与国内经济发达地区还是与条件近似的内陆省份相比，广西都存在较大差距，广西的铝冶炼企业和高校、科研院所在创新方面略显不足，这是广西铝产业发展面临的重大困境。

2.4 专利请求无效状况分析

铝冶炼领域有15件专利（合并同族后为11项）被提起无效，其中有4项专利被宣告全部无效，专利请求无效状况如表2-14所示。

表2-14 铝冶炼领域专利请求无效状况

序号	名称	申请号	申请日	申请人	法律状态	无效请求人
1	一种铝电解槽复合阴极炭块结构	CN200920013941.3	2009-05-26	沈阳铝镁设计研究	授权	SGL碳欧洲股份公司

续表

序号	名称	申请号	申请日	申请人	法律状态	无效请求人
2	气控回路及具有该气控回路的铝电解槽气动设备	CN201320056233.4	2013-01-31	北京华达四方节能环保技术有限公司	授权	北京爱社时代科技发展有限公司
3	铝电解系列不停电停（开）电解槽的装置及方法	CN200510106007.2	2005-09-23	梁学民、孙立锦、马路平	全部无效	聊城市日新电子科技有限公司
4	铝电解阳极钢爪全自动控制在链校直机	CN200310118902.7	2003-12-05	韦力、刘雨棣、刘健	权利终止	张先勇
5	铝碳质整体塞棒	CN92106398.9	1992-02-14	淄川区洪山特殊耐火材料厂	权利终止	山东淄川特种耐火材料厂
6	铝合金复合精炼变质方法	CN01105021.7	2001-01-04	上海大学	权利终止	冯俊
7	铝电解用抗冲刷阳极炭块	CN200520029917.0	2005-01-26	秦晓明	权利终止	河南神火铝业有限公司
8	一种铝电解槽用钢壳铝芯横梁阳极爪	CN200420049012.5	2004-04-11	广西壮族自治区农业机械研究所	权利终止	张广超
9	一种带有双层过滤板的铝液过滤箱	CN200620134418.2	2006-08-09	柯东杰	全部无效	深圳派瑞科冶金材料有限公司、西利公司
10	氧化铝选矿孔板座	CN200720079824.8	2007-06-06	自贡市久龙机械制造有限公司	全部无效	自贡高科硬质合金有限公司

续表

序号	名称	申请号	申请日	申请人	法律状态	无效请求人
11	氧化铝选矿镶嵌式孔板	CN200720079802.1	2007-06-04	自贡市久龙机械制造有限公司	全部无效	自贡高科硬质合金有限公司

表2-14中列举的专利大部分涉及产品、装置和结构。值得注意的是，相关企业申请的专利（如表中第2、5、10、11号专利）较容易被同城的竞争对手提出无效，表明在一定区域内铝冶炼企业（主要是民企或个人）之间存在较激烈的竞争关系。表中列举的专利无效请求人一般都是个人或民企，表明国企或国有研究院所对市场竞争和产品技术动态不太敏感。

国内铝冶炼领域未发现专利侵权诉讼的情况。该领域产能过剩，相关企业更多采取的是拼价格、拼营销渠道等竞争手段，很少将专利侵权诉讼视为"攻城略地"和遏制竞争对手的重要途径，这可能还与大部分专利权人是国有企业、高等院校和科研院所等有关，这些主体的市场竞争意识不强，一般不太愿意主动起诉。另外，该领域的专利主要与方法、工艺类技术有关，对于此类专利技术，较难发现和证明侵权人实施了侵权行为。

2.5 专利转让状况分析

从表2-15可知，我国铝冶炼领域专利技术的转让主要发生在有关联关系的企业之间，排名靠前的转让主体都是国有企业或研究机构，转让的专利一般都涉及国有资产，总体数量也不多，表明该领域的专利技术较难对外扩散和流通，其他企业较难从同行那里收购专利来增强自身实力。

表2-15 铝冶炼领域专利转让状况

单位：件

专利转让人	专利受让人及转让数	总数
贵阳铝镁设计研究院	贵阳铝镁设计研究院有限公司（96）	96
中国铝业股份有限公司	中铝山东有限公司（5）/中国铝业郑州有色金属研究院有限公司（19）等	27

续表

专利转让人	专利受让人及转让数	总数
山东铝业股份有限公司	中国铝业股份有限公司（15）	15
中国海洋石油总公司	中海油天津化工研究设计院有限公司（11）	11
中国神华能源股份有限公司和神华准格尔能源有限责任公司	中国神华能源股份有限公司（10）	10

难能可贵的是，长安大学的潘爱芳教授向北京蔚然欣科技有限公司、北京蔚然青科技有限公司转让了7项涉及从煤矿、铝土矿提取、生产氧化铝的专利。潘爱芳教授的科研团队针对我国铝土矿"品级差，品位低，复杂矿、难溶矿占比大"等问题，经过十几年的攻坚克难，在关键工艺技术环节取得一系列重大突破，开发出具有低耗、减排优势的氧化铝生产新技术，使低品位铝土矿资源的高效、环保开发利用变为现实。2016年，潘爱芳教授有关低品位铝土矿综合利用的新技术在第十八届中国科协年会全国科技工作者创新创业大赛上获得金奖。

潘爱芳教授共申请了7项专利，均为个人申请，都成功实现了转让，表明潘爱芳教授研发的专利技术不但具有较高的价值，而且可以交易。广西的相关铝冶炼企业可以跟踪和关注潘爱芳教授最新研发的专利技术，必要时可以通过专利交易和技术合作来提高自身的科研生产水平。潘爱芳教授专利转让状况如表2-16所示。

表2-16 潘爱芳教授专利转让状况

序号	名称	申请号	申请日
1	一种从煤矸石中提取高纯氧化铝与硅胶的方法	CN201010013634.2	2010-01-20
2	一种提高低品位铝土矿铝硅比的方法	CN201010231520.5	2010-07-20
3	一种从煤矸石中提取氧化铝的方法	CN201110002292.9	2011-01-07
4	利用粉煤灰生产氧化铝的方法	CN201110002293.3	2011-01-07
5	用煤矸石生产氧化铝的方法	CN201110002301.4	2011-01-07
6	一种从粉煤灰中提取氧化铝的方法	CN201110002303.3	2011-01-07
7	用铝土矿生产氧化铝的方法	CN201110002305.2	2011-01-07

2.6 专利许可状况分析

从表2-17可知，铝冶炼领域的专利许可并不常见，并且除了云南铝业股份有限公司向其关联公司云南云铝涌鑫铝业有限公司许可专利外，该领域最主要的专利许可主体是高校或科研院所。其中，上海交通大学许可的对象最多，相关专利主要涉及在铝溶体中去除氢（申请号为CN03150488.4、CN200410016859.8）、非金属夹杂物（申请号为CN02110684.3）、铝及铝合金稀土熔剂（申请号为CN00116611.5）等方面；贵阳铝镁设计研究院许可的专利主要涉及铝电解工艺技术；山东大学许可的专利主要涉及铝合金处理技术；东北大学许可的专利主要涉及制备钛铝合金的方法和铝电解制备方法等。

表2-17 铝冶炼领域专利许可状况

单位：件

专利许可方	专利被许可方及许可专利数量	总数
上海交通大学	保定安保能冶金设备有限公司（1）/保定隆达铝业有限公司（1）/南通爱尔思轻合金精密成型有限公司（1）/南通曼特威金属材料有限公司（1）/清苑四通铝业有限公司（1）/中山金胜铝业有限公司（1）	6
贵阳铝镁设计研究院	湖南晟通科技集团有限公司（1）/贵阳振兴铝镁科技产业发展有限公司（4）/中铝国际技术发展有限公司（1）	6
云南铝业股份有限公司	云南云铝涌鑫铝业有限公司（6）	6
山东大学	天津蓝晶光电技术有限公司（1）/山东山大胶体材料有限责任公司（1）/淄博德诺铝业科技有限公司（1）/济南玫德铸造有限公司（1）	4
东北大学	山东淄博傅山企业集团有限公司（3）/湖南晟通科技集团有限公司和河南中孚实业股份有限公司均分别被许可（1）	4

上述高校和科研院所对外许可的专利具有较高的价值，产生了较强的技术辐射效益，因此可以成为广西铝冶炼企业重点研究的对象。另外，有若

干项专利已经失效（如申请号为 CN200410016859.8、CN200510200620.0、CN200420060877.1、CN200520200035.6、CN200710010523.4、CN200510200304.3、CN200510043682.5 等的专利），广西企业可以没有法律风险地加以借鉴和使用。在必要时，广西企业也可以与相关高校开展技术合作或购买相关有效专利的使用许可权。

第3章 广西铝冶炼专利状况分析

3.1 专利申请趋势分析

从图3-1可知,广西在铝冶炼领域的专利申请起步较晚,2007年之前各年的专利申请量比较少。2008年,广西华银铝业公司(1600kt/a)、中铝平果铝业有限公司三期(900kt/a)和靖西氧化铝项目(400kt/a)先后投产,广西铝工业规模实现跨越式增长,氧化铝、电解铝产量较上年涨幅分别达到160%和62%,广西该领域的专利申请量也随之开始增长,并于2013年达到峰值。近十年来,广西在铝冶炼领域的专利申请量总体上处于较快增长的态势,但与国内铝业强省相比,广西在研发实力和科技创新能力方面的劣势明显。

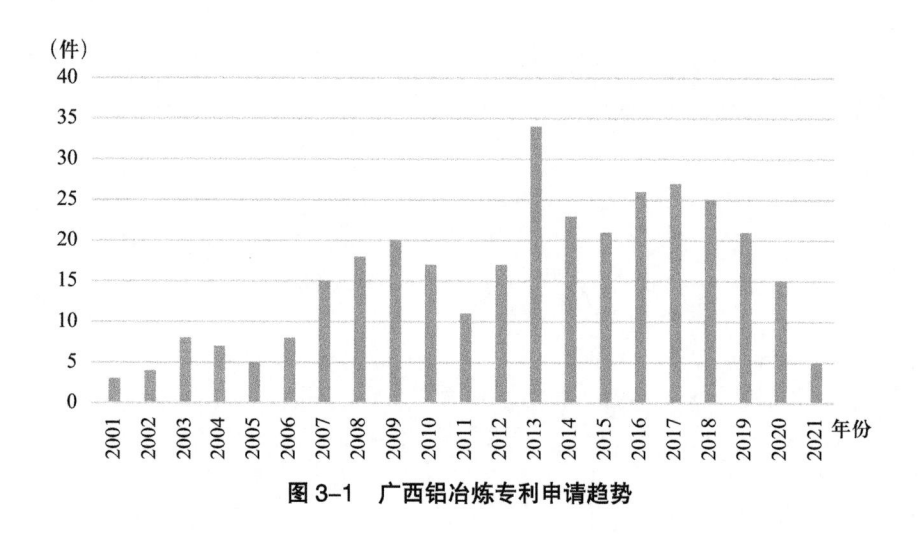

图3-1 广西铝冶炼专利申请趋势

目前，广西铝工业依旧采取资源依赖型的粗放式发展模式，矿产开发和初级加工等仍居于主导地位，铝电解和铝制品加工等下游产业发展滞后，再生铝产业刚起步，存在产业链发展不均衡、产品结构不合理等诸多问题。

3.2 主要专利申请人状况分析

广西铝冶炼领域主要专利申请人状况如表 3-1 所示。

表 3-1 广西铝冶炼领域主要专利申请人状况

单位：件

序号	专利申请人	专利申请数量
1	高德金	68
2	桂林理工大学	16
3	南南铝业股份有限公司	15
4	广西强强碳素股份有限公司	15
5	高伟	13
6	中国铝业股份有限公司广西分公司	12
7	广西百色银海铝业有限责任公司	11
8	广西师范大学	9
9	广西大学	8
10	广西来宾银海铝业有限责任公司	7
11	广西南南铝加工有限公司	6

从表 3-1 可知，在铝冶炼领域，广西主要专利申请人中出现了两个自然人，其中高德金均为高伟申请的相关专利的共同申请人，且高德金均为第一申请人。在通常情况下，自然人的研发能力、研究条件和技术水平很难与企业或科研院校相比，因此自然人申请的专利在创新性、实用性和成熟性等方面一般要逊色于单位申请人。从表 3-1 来看，高德金居广西铝冶炼领域专利申请人首位，并且申请数量遥遥领先于第二名。其他专利申请人的具体情况如下。

3.2.1 桂林理工大学

桂林理工大学是中央与地方共建的重点大学，是一所以工学为主，理、管、文、经、法、艺 7 大学科门类协调发展的研究型大学。学校坐落在世界著名的风景旅游城市和历史文化名城——山水甲天下的桂林。学校创建于 1956 年，是原国家重工业部、冶金工业部直属高校，1998 年 7 月改制为中央与地方共建。学校现有桂林屏风、桂林雁山、南宁安吉、南宁空港四个校区，校园总面积 3000 余亩。

该校的冶金与资源工程系现有专业教师 35 名，其中，具有副高及以上职称者 12 名，博士 3 名，研究生及以上学历占 80%，"双师型"教师占 69%。多年来，该校坚持依托行业、优化专业、联合企业、服务就业的理念，走"产学结合，校企合作"之路，实现"先进技术和生产工艺进教材、厂矿技术人员进学校、学生和教师进厂矿"。近年来，建成广西高校优质和特色专业 1 个，主持省部级教改科研项目 22 项、广西高等学校特色专业及课程一体化建设项目 1 项、省部级重点教材建设项目 1 项，主持省部级科研课题 5 项，参与 6 项，主持地厅级重点课题 4 项，建设省部级精品课程 1 门、分校级重点课程 4 门、一般课程 6 门，公开发表教改、科研论文 100 多篇。根据市场需求，该校实施"订单式培养"，与中国铝业广西分公司、广西华锡集团、广西华银铝业有限公司、广西河池南方有色集团、江西铜业公司、宝钢集团湛江基地、华鸿水务集团等区内外大中型企业开展校企深度合作。

从专利上看，桂林理工大学在铝冶炼领域申请的专利主要涉及氧化铝（陶瓷）和镁铝尖晶石复相材料的制备工艺，其中有两件涉及耐磨氧化铝陶瓷的制备方法的专利（申请号为 CN201210259797.8 和 CN201310117498.5）较为先进，各被引证了 8 次。从专利维护和管理上看，该校的 16 件相关专利均为 2011 年后申请的较新专利，但是相关专利中的有效专利只占总数的 31.2%，其余专利均为失效状态，表明该校在专利管理或维护方面可能存在一定问题。该校相关专利均为独家申请，也没有实现转让或许可，表明该校在技术合作和技术扩散等方面的工作需要加强。

3.2.2 南南铝业股份有限公司

南南铝业股份有限公司前身为 1958 年成立的广西第一家铝工业企业——广西南宁铝厂，2001 年变更为南南铝业有限公司，2006 年变更为南南铝业股份有限公司。公司是一家以铝加工为主，跨行业经营的综合性企业，主要从事建筑、工业铝型材和铝板带箔的设计、生产和销售，以及煤炭开采、火力发电、电解铝生产销售等业务。目前，企业已形成了年产铝型材 3.5 万吨、年产高精度铝板带箔 3.5 万吨、年产铝门窗幕墙 20 万平方米的生产能力。公司的主要产品有铝板、铝带、铝箔、建筑铝合金型材、工业铝型材、铝门窗幕墙、煤炭、电力、铝合金锭，其中"南南"牌铝合金型材为广西名牌产品，南南商标是中国驰名商标。

从专利上看，该公司的相关专利主要涉及废铝的回收、再生铝的熔炼和高纯度铝的提取等方面。该公司提交的 15 项专利申请中，除了 1 项被驳回外，其余的都获得了授权，表明该公司的技术还是比较过硬的。从专利申请人来看，该公司申请的相关专利均为独立申请，表明该公司可能较少与其他单位进行合作研发，这是今后可以加强的地方。

3.2.3 广西强强碳素股份有限公司

广西强强碳素股份有限公司是经国家商务部批准于 2008 年 9 月 25 日由平果县强强碳素制品有限责任公司依法整体变更设立的中外合资股份有限公司。该公司为铝工业生产提供节能创新的铝电解用预焙阳极、石墨化阴极、石墨化阻流块等产品。公司以年产 8000 吨预焙阳极起步，目前年产预焙阳极达 70.5 万吨，年销售收入超过 20 亿元，各项经济指标均排在全国同行业前列，是中国碳素行业十强企业。

广西强强碳素股份有限公司拥有自治区级碳素工程技术研究中心，有 150 余名技术人员专注于行业技术创新。该公司从 2004 年至今被评为高新技术企业，2013 年被评为国家火炬计划重点高新技术企业，是广西第一批优秀民营创新型企业。

从专利上看，该公司申请的专利虽然不是很多，但是比较独特和先进，有可能在相关领域取得较大竞争优势。该公司的专利主要涉及铝电解用预焙阳极、石墨化异型阴极、石墨电极、铝电解用钢爪等方面，这些专利对公司产品和技术形成了较完善的保护。该公司的铝电解用阴极及其石墨化阻流块技术均被列入国家火炬计划项目，其中与铝电解用阴极有关的专利包括"铝电解用新型组合石墨化异型阴极"（申请号为CN201010296859.3）、"铝电解用燕尾式组合异型阴极"（申请号为CN201220699138.1）、"铝电解用燕尾式组合异型阴极"（申请号为CN201210548801.2）等，与石墨化阻流块技术有关的专利为"铝电解用阴极石墨化阻流块"（申请号为CN201010296856.X）。该公司专利中除一件实用新型专利为避免重复授权而放弃专利权外，其余专利均保持授权状态，表明该公司的专利管理工作做得比较到位。

3.2.4 中国铝业股份有限公司广西分公司

上文已对中国铝业股份有限公司进行过论述，此处主要介绍中国铝业股份有限公司广西分公司。中国铝业股份有限公司广西分公司（平果铝）是直属于中国铝业股份有限公司的国家控股特大型铝工业联合企业，是中国铝业股份有限公司的成员单位之一。公司在2002年初成立，由原平果铝业公司的生产经营性资产组成，集矿山开采和氧化铝、电解铝生产于一体，是国内生产技术最先进的现代化铝工业生产基地之一。2002年2月，由于中国铝业公司改制上市的需要，平果铝业公司被改制重组，分为上市和存续两个部分，上市部分命名为"中国铝业股份有限公司广西分公司"，存续部分延用"平果铝业公司"（2008年被中国铝业公司回购）这一名称。

中国铝业股份有限公司广西分公司经过多年的建设和扩产性改造，已发展为年开采铝土矿600多万吨，生产氧化铝248万吨、电解铝15万吨、铁精矿22万吨的规模，成为中国南方最大的氧化铝生产基地。

中国铝业股份有限公司广西分公司申请的专利主要涉及镁铝尖晶石制备，从赤泥中综合回收铁、铝、钪、钛、钒等有价金属，拜耳法氧化铝生产过程控制，电解槽的结构等方面，相关专利数量比较少，被引证率较低，表明专利技术的先进性有限。

3.2.5 广西百色银海铝业有限责任公司

广西百色银海铝业有限责任公司创建于 2000 年 12 月 26 日，是依托广西丰富的水电资源和铝土矿资源，专门从事铝工业产品开发、生产的有色金属工业企业。企业由广西投资集团有限公司、广西桂冠电力股份有限公司、广西地质矿产勘查开发局、广西百色电力有限责任公司共同出资成立。2008 年 7 月，广西投资集团有限公司与广西百色电力有限责任公司对其共同出资持有的广西百色银海发电公司进行股权重组，将其置入广西百色银海铝业有限责任公司。重组后广西百色银海铝业有限责任公司的股权比例为：广西投资集团有限公司占 60.105%，广西桂冠电力股份有限公司占 27.592%，广西百色电力有限责任公司占 6.788%，广西地质矿产勘查开发局占 5.515%。企业采取铝电结合发展模式，以生产电解铝及其深加工产品为目标，逐步形成铝工业产品的综合生产加工能力，成为具有联合生产能力的现代铝工业企业。公司现有年产电解铝 20 万吨的生产系统，地点位于广西百色市右江区，同时拥有 300MW 火电厂，地点位于广西百色市田阳区。

从专利上看，该公司的专利主要涉及阳极钢爪、电解槽的结构、电解槽的阳极和电解槽供电装置等方面，专利被引用率不高，但有效率较高。该公司和广西强强碳素股份有限公司共同申请了一件名为"用于铝电解的开槽碳阳极"的专利（申请号为 CN201020194121.1），这种广西同行企业之间的横向合作并不多见，广西应该加强这方面的合作研发，从而增强在铝冶炼方面的整体技术实力。

3.2.6 广西师范大学

广西师范大学坐落于世界著名山水旅游名城、首批国家历史文化名城桂林市，是教育部和广西壮族自治区人民政府共建的综合性省属重点大学，入选国家"中西部高校基础能力建设工程""卓越教师培养计划"，是首批广西地方立法服务基地、教育部来华留学示范基地和国务院侨办华文教育基地。

该校申请的专利主要涉及铝电解用碳素阳极抗氧化层及其涂覆方法、铝电解用硼化钛阴极涂层浆料制备方法及其涂覆方法等。

该校没有开设与冶炼、冶金相关的二级学院、专业，但该校化学与药学学院的相关老师在铝冶炼领域具有相当造诣，如李庆余老师。李庆余担任广西师范大学化学化工学院博士生导师、教授，任广西师范大学应用化学研究所所长，是广西师范大学拔尖人才，也是美国冶金学会（The Minerals, Metals & Materials Society, TMS）会员。李庆余擅长的领域包括有色冶金（尤其是铝电解工艺、铝电解用材料）、复合材料、新型碳材料、超级电容器和锂离子电池电极材料等。李庆余承担了国家重点基础研究发展规划（973规划）项目子课题"新型低温铝电解质熔盐物理化学性质"（2005CB623703-1-1）的研究，还成功开发了"常温固化铝电解用TiB2阴极涂层技术"等，2003年获中国有色金属工业科学技术奖二等奖，相关专利包括"铝电解用碳素阳极抗氧化层及其涂覆方法"（申请号为CN200710050551.9）等。另外，该校专利的转让和许可还需要进一步加强。

3.2.7 广西大学

广西大学是广西办学历史最悠久、规模最大的综合性大学，也是目前广西唯一的国家"211工程"学校。学校现设31个学院，学科涵盖哲、经、法、文、理、工、农、管、教、艺10大学科门类，有98个本科专业、36个一级学科硕士点、211个二级学科硕士点、8个一级学科博士点、60个二级学科博士点和10个博士后科研流动站。学校有2个国家重点学科，1个国家重点（培育）学科，工程学、材料科学、农业科学进入ESI学科全球前1%行列。广西大学有1个国家重点实验室、1个省部共建国家重点实验室培育基地、4个教育部重点实验室和工程研究中心、1个国家林业局重点实验室及一批广西重点建设的实验室、工程技术研究中心、研究基地。另外，该校有4个广西"2011协同创新中心和协同创新中心培育基地"、1个广西人文社会科学重点研究基地、6个广西高校人文社会科学重点研究基地。

该校资源与冶金学院前身为原广西大学矿冶系，1997年4月原广西大学与广西农业大学两校合并成立新的广西大学时更改为资源与环境学院。2008年12月8日，资源与环境学院正式更名为资源与冶金学院。学院办学历史最早可追溯到广西大学1934年设置的采矿专修科。1934年8月，广西大学在工学院设置采矿专修科（学制2年），招生1届，这是广西大学较早设置的系科之一，也是我国最早成立的矿冶系科之一。2017年，资源与冶金学院、环境学院、材料科学与工程学院合并组建成资源环境与材料学院。目前，学院设有矿物资源系、环境科学与工程系、材料学系、材料加工工程系、材料物理与化学系5个系。

该校在铝冶炼领域申请专利的表现乏善可陈，专利技术主要集中在铝溶体精炼、铝提纯等方面，相关专利数量比较少，没有实现转化，目前只有一项专利有效，表明该校在专利管理和维护方面存在一定问题。广西大学作为广西的最高学府，拥有我国最早成立的矿冶系科，其对广西的铝冶炼技术创新和产业发展应该发挥出更大的作用。

3.2.8　广西来宾银海铝业有限责任公司

广西来宾银海铝业有限责任公司成立于2006年12月，地址位于来宾市迁江工业区，距离首府南宁150公里、工业重镇柳州100公里，是广西投资集团下属全资子公司，由广西投资集团银海铝业有限公司代管。公司依托广西丰富的电力资源和铝土矿资源，按照"铝电结合"发展模式投资建设。公司原铝及铝板带配套项目是自治区重点打造的千亿元铝产业的重点项目，也是来宾市打造广西乃至全国铝精深加工基地的龙头项目。该项目规划建设规模为50万吨/年，其中，原铝项目分两期建设，一期工程建设规模为25万吨/年，已于2009年5月正式投入运行，一期工程达产后年产值可达35亿元。

一期原铝项目所采用的330KA大型预焙电解槽技术是具有世界一流水平的大容量高效能电解槽技术。该槽型采用大面五点进电设计，优化母线配置，配备先进的收尘、净化装置，并采用先进的电解计算机自动控制技术，各项设计经济技术指标均达到国内先进水平，具有投资省、效能高、节能环保的特点。

从专利上看，该公司的专利技术主要涉及铝电解槽的结构、阳极和进料装置等方面。公司先后承担了众多国家级重大科技项目，其中包括国家重大产业化推广项目"新型阴极结构铝电解槽重大节能技术的开发应用"，该项目成果获得国家科学技术进步奖二等奖，涉及的专利为"大型异型阴极铝电解槽焙烧启动方法"（申请号为 CN200910114518.7）。可以说，重大项目的实施有力地带动了企业的技术升级。

3.2.9 广西南南铝加工有限公司

广西南南铝加工有限公司位于中国广西南宁市，是硬铝合金、层状复合铝合金专业生产制造企业，主要生产 2000 系、5000 系、6000 系、7000 系牌号精铸加工、热轧、冷轧和挤压材产品。公司以航空铝合金生产技术为依托，以交通运输产品为主导，致力于为航空航天、轨道交通、汽车车辆、船舶、电子电器、建筑、工模具等行业提供品质卓越的产品和服务。公司拥有熔铸、挤压型材、中厚板和冷轧四大制造中心，以及独立的研发检测中心和物流中心，配备了国际领先的铝合金生产、加工和检测设备，致力于以先进、完整、独立的生产和物流系统满足国内外客户对中高端铝合金材的需求。

公司依托集航空材料研究所、船舶材料研究所、车辆材料研究所、复合材料研究所、检测试验所、工艺技术研究所、产品应用研究所于一体的航空航天铝合金材料与加工研究基地，通过与国内外专家的合作及自主开发，持续改进生产技术，开发新型高性能铝合金产品，满足国内外客户的多样化需求。

从专利上看，公司的专利申请主要涉及铝合金精炼、铝合金溶体净化等方面，相关专利申请均得到授权，表明公司专利技术的先进性不错。另外，相关专利均为有效状态，表明公司的专利维护和管理工作比较得力。

3.3 申请专利技术状况分析

广西铝冶炼领域申请专利技术状况如表 3-2 所示。

表 3-2 广西铝冶炼领域申请专利技术状况

IPC 分类号	分类号含义	专利申请数量/件	百分比/%
C25C3/08	电解槽的结构,如底、壁、阴极	63	27.27
C25C3/12	电解槽阳极	51	21.07
C22B21/06	铝精炼	24	9.91
C01F7/02	氧化铝	19	7.85
C04B35/10	以氧化铝为基体的	19	7.85

广西在铝冶炼领域的专利主要集中在铝电解方面,具体情况如下。

3.3.1 C25C3/08——电解槽结构方面

该领域的专利技术除了涉及新型电解槽结构外,还涉及电解槽阴极结构、阴极涂层和材料、阴极导电装置、阴极内衬等方面。

从专利申请人来看,该领域前 10 位的申请人中包括了高德金、高伟、李庆余、杜荣华、杨元旭 5 位自然人,表明广西企业在该领域的技术创新能力有待加强。发明人中的李庆余老师申请了 12 件相关专利(合并同族后为 9 项),主要涉及电解槽结构技术,具体包括阴极石墨化阻流块、新型异型阴极、阴极保护等方面。

3.3.2 C25C3/12——电解槽阳极方面

该领域的专利主要涉及阳极炭块、碳素阳极抗氧化涂层、阳极钢爪、阳极导杆等方面。

从专利申请人来看,高德金、广西强强碳素股份有限公司、广西师范大学和广西壮族自治区农业机械研究所(院)是主要申请人。值得一提的是,广西壮族自治区农业机械研究所(院)申请了 8 件相关专利(合并同族后为

6项），主要涉及阳极爪工艺，其中一件名为"一种铝电解槽用钢壳铝芯横梁阳极爪"的专利（申请号为CN200420049012.5）还经受住了专利请求无效的考验。但令人遗憾的是，相关专利都因为未按时缴纳年费而失效，表明该单位在专利管理和维护方面存在较大漏洞。

广西师范大学在该领域的专利申请主要集中在铝电解用碳素阳极抗氧化涂层方面，相关专利申请都获得了授权。目前，除了广西师范大学在该领域申请了专利之外，中国铝业股份有限公司也分别与中南大学、东北大学共同申请了类似专利，这表明该类专利技术较为先进，广西师范大学在该领域的研发能力也较强，广西相关企业应该加强与该校的合作。

3.3.3　C22B21/06——铝精炼方面

该领域的专利主要集中在气体冲洗法精炼、精炼添加剂、精炼剂或助溶剂等方面。

该领域的主要专利申请人包括广西南南铝加工有限公司、广西平果博导铝镁线缆有限公司、百色学院、南南铝业公司等，个人申请人较少，表明该领域的技术门槛可能比较高。

其中，广西南南铝加工有限公司的专利主要集中在铝合金精炼和提纯方面，从被引证率来看，相关专利技术的先进性一般。广西平果博导铝镁线缆有限公司的专利主要集中在铝熔体两级复合除杂或净化方面，相关专利技术均为许方根独立发明，从被引证率来看，相关专利技术的先进性一般。百色学院的专利主要涉及铝液净化方面，从被引证率来看，相关专利技术的先进性一般。该校虽然在学科研究上较好地发挥了地缘特色，但是没有与地方企业开展合作研发，也没有实现专利转让或许可，尚未充分发挥出高校的创新成果溢出效应。

3.3.4　C01F7/02——氧化铝方面

该领域的专利主要涉及层析氧化铝、镁铝尖晶石热分解、焙烤工艺、拜耳法工艺优化等方面。

该领域的主要专利申请人包括桂林理工大学、中国铝业股份有限公司、广西华银铝业有限公司、何明德、广西平果铝朗琨科技有限公司等。

其中，桂林理工大学的专利主要涉及镁铝尖晶石热分解方面，相关专利技术的先进性一般；中国铝业股份有限公司的专利主要涉及拜耳法生产氧化铝的过程控制优化，相关专利技术的先进性一般；广西华银铝业有限公司的专利涉及提高铝土矿浆沉降分离性能、助滤剂制备步骤和滤饼利用等方面，相关专利技术的先进性一般；何明德的专利涉及高铁铝土矿生产氧化铝同时回收铁铝的工艺，相关专利技术的先进性一般；广西平果铝朗琨科技有限公司的专利涉及活性低钠 α–氧化铝粉体的制备方法，相关专利技术的先进性一般。

3.3.5 C04B35/10——以氧化铝为基体的方面

该领域的专利主要涉及氧化铝耐火材料、陶瓷等制备技术。

从专利申请人来看，主要包括桂林理工大学、柳州钢铁股份有限公司、广西南宁智翠科技咨询有限公司、广西平果百益新材料有限公司、靖西市秀美边城农业科技有限公司等。

其中，桂林理工大学的专利申请大都涉及氧化铝陶瓷的制备工艺，相关专利申请有50%被驳回，表明该校的技术创新能力还需加强；柳州钢铁股份有限公司申请的专利涉及铝铬碳化硅耐火材料的制备，相关专利技术比较先进，其中一件涉及铝锆铬质耐火球的专利（申请号为CN101219905A）还实现了对广西华锐钢铁工程设计咨询有限责任公司的专利许可。

广西壮族自治区农业机械研究所于2004年申请了一件名为"一种铝电解槽用钢壳铝芯横梁阳极爪"的专利（申请号为CN200420049012.5），该专利在2005年和2007年经受住了两次专利请求无效的考验，表明该专利技术较为先进，稳定性较好。但令人遗憾的是，该专利由于没按时缴纳年费而于2011年失效了，表明广西壮族自治区农业机械研究所在专利管理方面可能存在一定的漏洞。

3.4 专利法律状况分析

广西铝冶炼领域专利法律状况如表 3-3 所示。

表 3-3　广西铝冶炼领域专利法律状况

单位：件

法律状况	专利数量
授权	107
权利终止	52
放弃	5

广西铝冶炼领域的专利失效率较高，除 10 多件实用新型专利是因为保护期限届满而失效外，绝大部分权利终止的专利都是因为未按期缴纳年费，这表明广西相关企业和科研单位的专利维护和管理力度不足。广西在铝冶炼领域的专利储备与区外强省相比，差距本已悬殊，加之无效专利数量较多，无疑使不利局面雪上加霜。在铝冶炼领域，广西的专利申请量为 242 件，其中发明专利申请量为 167 件，实用新型专利申请量为 75 件，授权的发明专利为 43 件，约占发明专利申请总量的 25.7%，表明广西发明专利的授权率较低。

3.5 专利许可状况分析

从表 3-4 可知，广西铝冶炼领域的专利较少进行对外许可。其中，柳州钢铁股份有限公司许可给广西华锐钢铁工程设计咨询有限责任公司的专利涉及铝锆铬质耐火球技术（申请号为 CN200810300324.1）；广西来宾银海铝业有限责任公司许可给关联公司广西百色银海铝业有限责任公司的专利涉及大型异型阴极铝电解槽焙烧启动方法（申请号为 CN200910114518.7）。

表 3-4　广西铝冶炼领域专利许可状况

单位：件

许可人	被许可人	专利数量
柳州钢铁股份有限公司	广西华锐钢铁工程设计咨询有限责任公司	2
广西来宾银海铝业有限责任公司	广西百色银海铝业有限责任公司	2

3.6　专利转让状况分析

广西铝冶炼领域专利转让状况如表 3-5 所示。

表 3-5　广西铝冶炼领域专利转让状况

单位：件

转让人	被转让人及数量	专利数量
高德金	新疆生产建设兵团农八师天山铝业有限公司（6）/北京鑫建节能技术有限公司（1）	7
平果铝业公司	中国铝业股份有限公司	2
李庆余	江苏联合金陶特种材料科技有限公司	2
赵唯皓	广西强强碳素股份有限公司	1

从表 3-5 可知，广西铝冶炼领域的专利转让主要发生在自然人与企业之间。其中，高德金转让的专利最多，转让给新疆生产建设兵团农八师天山铝业有限公司的专利涉及铝电解槽阴极导电结构、铝电解槽结构、阳极炭块结构等方面，转让给北京鑫建节能技术有限公司的专利涉及节能防溶蚀铝电解槽阳极导电装置技术。

平果铝业公司转让给中国铝业股份有限公司的专利涉及预焙阳极铝电解槽焦粒焙烧启动方法（申请号为 CN99120950.8），该专利于 2003 年转让，至今仍然有效，表明受让方比较重视该专利，一直愿意缴纳年费来维持该专利的权利。

李庆余是广西师范大学化学化工学院博士生导师，其转让给江苏联合金陶特种材料科技有限公司的专利涉及铝电解用 TiB_2-TiB/Ti 梯度复合多孔阴极材料及其制备方法（申请号为 CN200910114550.5），相关专利技术属于更经济的 TiB2 生产新技术，可以节电增产及延长设备寿命，经济效益和社会效益比较显著。

赵唯皓转让的专利涉及铝用石墨阳极及其制备方法（申请号为 CN200710057474.X）。从专利申请人的地址来判断，赵唯皓应该是受让方广西强强碳素股份有限公司的员工，因此该专利可能属于职务发明。

从专利许可和转让的整体情况来看，只有广西本土企业向央企中国铝业股份有限公司转移先进的专利技术，但是未见实力雄厚的中国铝业股份有限公司向广西企业输出专利技术。

第4章 铜冶炼概述

铜冶炼是指对铜精矿等矿山原料、废杂铜料进行熔炼、精炼、电解等提炼铜的生产活动。根据2011年国家统计局制定的《国民经济行业分类与代码》（GB/T 4754—2011），我国把铜冶炼归入有色金属冶炼及压延加工业（代码为32）中的重有色金属冶炼业（代码为321），其统计4级码为3211。

铜冶炼的主要产品包括：

（1）粗铜、阳极铜（精炼铜）、电解铜、在冶炼过程中生产的铜基合金等；

（2）矿产铜、再生铜等。

工业和信息化部发布的《铜冶炼行业规范条件》指出，新建和改造的利用铜精矿和含铜二次资源的铜冶炼企业，冶炼能力须在10万吨/年及以上。现有利用含铜二次资源为原料的铜冶炼企业生产规模不得低于5万吨/年。铜冶炼项目的最低资本金比例必须达到20%。目前，我国铜冶炼与加工行业面临着企业数量多而规模小的状况，行业内大型企业占比不足6%，小型企业约占80%。随着行业准入门槛和环保要求的进一步提高，落后产能将加速淘汰，促进铜冶炼行业加快整合，行业龙头有望受益。

《2013—2017年中国铜冶炼行业市场需求预测与投资战略规划分析报告》显示，我国铜冶炼市场的驱动因素主要是上游铜精矿加工费用的上升和下游需求市场的旺盛。近年来，国内经济持续稳定增长，对铜产品的需求量将继续加大。数据显示，截至2010年年底，我国规模以上铜冶炼企业有346家。当年，我国铜冶炼行业实现工业总产值3193.07亿元，同比增长54.55%；实现销售收入3694.31亿元，同比增长53.18%；实现利润总额

120.99亿元，同比增长121.35%。

国内铜冶炼技术的发展经历了漫长的过程，但至今铜的冶炼仍以火法冶炼为主，其产量约占世界铜总产量的85%。

（1）火法冶炼一般是先将含铜百分之几或千分之几的原矿石，通过选矿提高到20%~30%，作为铜精矿，在密闭鼓风炉、反射炉、电炉或闪速炉进行造锍熔炼，产出的熔锍（冰铜）接着送入转炉吹炼成粗铜，再在另一种反射炉内经过氧化精炼脱杂，或铸成阳极板进行电解，从而获得品位高达99.9%的电解铜。该流程简短、适应性强，铜的回收率可达95%，但因矿石中的硫在造锍和吹炼两阶段作为二氧化硫废气排出，不易回收，易造成污染。近年来出现了白银法、诺兰达法等熔池熔炼法以及日本的三菱法等，火法冶炼逐渐向连续化、自动化发展。

（2）现代湿法冶炼有硫酸化焙烧—浸出—电积、浸出—萃取—电积、细菌浸出等法，适于低品位复杂矿、氧化铜矿、含铜废矿石的堆浸、槽浸选用或就地浸出。湿法冶炼技术正在逐步推广，湿法冶炼的推出使铜的冶炼成本大大降低。

第5章 铜冶炼专利总体状况分析

笔者在IncoPat科技创新情报平台上检索铜冶炼领域的国内专利，检索和筛查后的结果为：截至2021年3月，相关专利共7869件，合并同族后为4683项专利族，其中发明专利5487件，实用新型专利1628件，具体情况如下。

5.1 专利申请趋势分析

从图5-1可知，我国铜冶炼领域的专利申请量总体呈较快上升趋势，特别是2007年开始，专利申请量开始大幅增长，其原因在于：中南大学、金川集团有限公司和北京有色金属研究总院的专利申请量从该年开始大幅增长，并且这些单位此后都保持较大的专利年申请量；2008年，昆明理工大学在铜矿资源综合利用和铜电解等方面取得较大突破，年专利申请量开

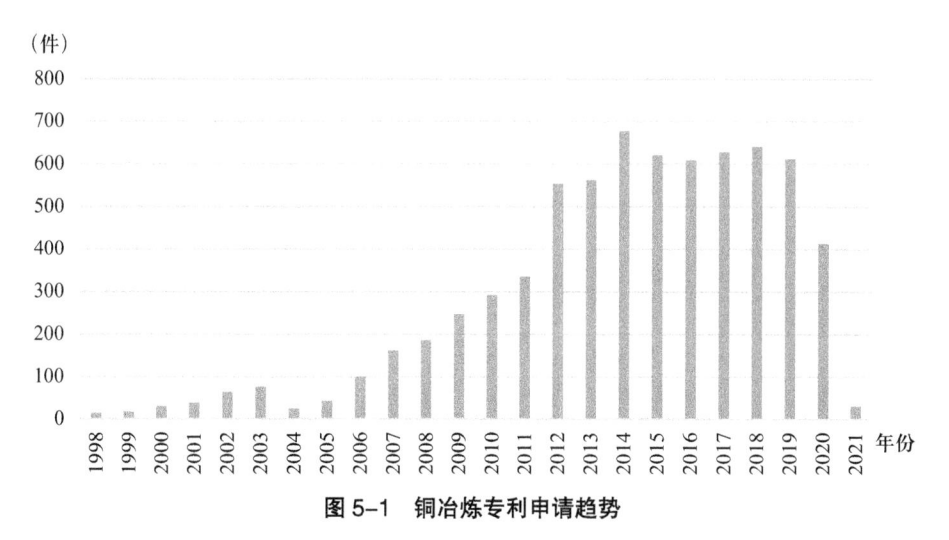

图5-1 铜冶炼专利申请趋势

始大幅增长；2012 年之前，金川集团有限公司在铜冶炼领域申请了较多专利，2012 年之后，金川集团股份有限公司接替金川集团有限公司（以下均简称为金川公司）申请了较多铜冶炼领域的专利；白银有色集团股份有限公司和阳谷祥光铜业有限公司的专利申请量也是从 2012 年开始增长。

铜冶炼领域的专利申请趋势反映出国内铜工业的生产集中度大幅提升，铜工业逐步向规模化、专业化方向发展，技术装备水平和产品质量有了较大提高。目前，铜冶炼行业进入新一轮的产业升级期，铜冶炼行业日趋集团化、专业化、大型化和国际化；行业技术进步速度加快，铜冶炼工艺设备日益向大型、高速、连续、自动、精密、节能和环保方向发展；铜冶炼产品的低成本、高精尖、高效化发展趋势日渐明显。

5.2 申请专利技术状况分析

铜冶炼领域申请专利技术状况如表 5-1 所示。

表 5-1 铜冶炼领域申请专利技术状况

单位：件

IPC 分类号	分类号含义	专利申请数量
C22B15	铜的提炼	2053
C22B7	非矿石原料处理	1147
C02F	湿法从矿石中提取铜	1033
C25C1	电解法生产铜	1011
C02F1	废水、污水处理	741

5.2.1 C22B15——铜的提炼技术方面

提炼铜的方法比较多，过去铜冶炼厂都是采用反射炉或密闭鼓风炉提炼等传统工艺，但是相关工艺以空气作为氧化剂，生成的冰铜品位低，且需要补充大量的外部燃料加热，产生的二氧化硫浓度低，不适合后期制酸，尾气含硫高，环境污染严重。近年来，国内外纷纷开展熔炼新工艺的研究开发，涌现出的新工艺如下。

1. 闪速熔炼法

比如芬兰奥托昆普闪速熔炼，具体对应的专利为"一种生产粗铜的方法"，由芬兰的奥托库姆普联合股份公司（译名与上述有些出入）申请（申请号为CN03813520.5）；又如祥光旋浮熔炼，具体对应的专利为"一种旋浮铜冶炼方法及旋浮铜冶炼装置"，由阳谷祥光铜业有限公司申请（申请号为CN106521182A）。

2005年，总投资13亿元的世界第一台集闪速熔炼与矿渣贫化于一体的铜合成炉，在金川公司正式建成投产，标志着我国拥有自主知识产权的铜火法冶炼技术一举跨入世界先进行列。近年来，随着自主创新步伐的加快，金川公司采选冶关键工艺技术已达到国际先进水平，综合技术实力跃居世界同行业前三位。金川公司合成式闪速熔炼铜系统于2005年9月建成投产，原设计规模与150kt/a电铜匹配，铜精矿处理量为600kt/a，有4个精矿喷嘴。该系统投产运行了5年，由于生产负荷不断加大，2010年8月停产改造，2010年12月投料复产。本次改造主要是扩大产能，使生产规模与250kt/a电铜匹配，铜精矿处理量为1000kt/a，精矿喷嘴采用中央单喷嘴，进一步提高寿命。相关专利包括："一种铜熔炼炉的精矿入料装置"（申请号为CN201320828692.X），"一种用于闪速吹炼炉粗铜排放口堵口的装置"（申请号为CN201620771728.9），"一种闪速炉粗铜排放口小压板水套固定装置"（申请号为CN201620771727.4），"一种从复杂镍铜精矿中高效提取镍、钴、铜及铂族金属的方法"（申请号为CN201210366724.9），等等。

铜陵金隆公司在1996年引进闪速熔炼炉进行铜精矿的冶炼，经过改造，技术水平有了更大的提高。对应的专利为"用于铜冶炼的闪速炉反应塔"（申请号为CN201020245349.9）、"铜冶炼闪速炉精矿喷嘴"（申请号为CN201020245345.0）等。

闪速熔炼法是充分利用细磨物料巨大的活性表面，强化冶炼反应过程的熔炼方法。具体是将金属硫化物精矿细粉和熔剂经干燥与空气一起喷入炽热的闪速炉膛内，形成良好的传热、传质条件，使化学反应以极快的速度进行。

闪速熔炼的脱硫率高，烟气中二氧化硫浓度大，有利于二氧化硫的回收，并可通过控制入炉的氧量，在较大范围内控制熔炼过程的脱硫率，从而获得所要求的品位的冰铜，同时也有效地利用了精矿中硫、铁的氧化反应热，节约了能量，所以闪速熔炼法适用于处理含硫高的浮选精矿。由于闪速熔炼法具有上述优点，因此发展很快，全世界新建的大型炼铜厂几乎都采用这一方法。到20世纪70年代末，用闪速熔炼法生产的铜年产量已超过100万吨。

在闪速熔炼炉方面，中南大学、铜陵有色金属集团股份有限公司金冠铜业分公司、南昌有色冶金设计研究院、中国恩菲工程技术有限公司等具备较强的研发实力。

2. 熔池熔炼法

熔池熔炼法有白银炼铜法、澳斯麦特熔炼法等。

白银炼铜法是白银公司于20世纪70年代自主发明、我国具有自主知识产权的铜熔炼新工艺。其发展经历了空气熔炼、双室炉熔炼和富氧熔炼三个主要阶段，产生了白银炉操作、炉体结构与设计、炉体铜水套浇铸等一系列专利技术，具备了熔炼效率高、烟尘率低、渣贫化处理、总硫利用率高、吃"百家饭"的突出特点。白银炉寿命设计能力为6个月，经多次炉寿命攻关，逐步突破10个月，于2008年突破13个月。白银红鹭铜业有限责任公司白银炉自2008年4月11日相继点火，4月19日放铜，至2009年6月5日放空。

白银有色集团股份有限公司在该领域提出了24项专利申请（合并同族后为18项），对白银炼铜法进行了比较全面的保护，其中相关重要技术申请专利状况如表5-2所示。

表5-2 白银炼铜法领域申请专利状况

序号	名称	申请号	申请日	申请人	法律状态
1	白银熔池富氧炼铜法及其装置	CN88102733.2	1988-05-14	白银有色金属公司、北京有色金属研究总院、西北矿冶研究院、北京矿冶研究院、北京有色冶金设计研究总院	撤回

续表

序号	名称	申请号	申请日	申请人	法律状态
2	一种白银炼铜法熔炼炉	CN201120199462.2	2011-06-14	白银有色集团股份有限公司	授权
3	一种低品位铜精矿的自热熔炼方法	CN201210329211.0	2012-09-07	白银有色集团股份有限公司	授权
4	白银炼铜炉的余热回收利用装置	CN201220454521.0	2012-09-07	白银有色集团股份有限公司	放弃
5	具有出口烟气流速可调装置的白银铜熔池熔炼炉	CN201210329213.X	2012-09-07	白银有色集团股份有限公司	授权
6	白银铜熔池熔炼炉专用的粉煤燃烧器	CN201210329227.1	2012-09-07	白银有色集团股份有限公司	授权
7	白银炼铜炉的余热回收利用方法及其装置	CN201210329257.2	2012-09-07	白银有色集团股份有限公司	授权
8	通过建立数值模型强化白银铜熔池熔炼炉自热效率方法	CN201210329276.5	2012-09-07	白银有色集团股份有限公司	授权
9	白银炼铜炉弹性钢骨架	CN201210329186.6	2012-09-07	白银有色集团股份有限公司	授权
10	一种提高白银熔池炼铜法中吹炼效率的方法	CN201210329241.1	2012-09-07	白银有色集团股份有限公司	驳回
11	一种白银铜熔池熔炼炉处理高铜低硫复杂难熔矿的方法	CN201410260072.X	2014-06-12	白银有色集团股份有限公司	授权

澳斯麦特熔炼法是作业时将一根经特殊设计的喷枪，由炉顶部插入垂直放置的圆筒型炉膛内的熔体之中，空气（或富氧空气）和燃料（油、天然气或粉煤）从喷枪末端喷入熔体，在炉内造成一个剧烈翻腾的熔池表面，炉料由顶部加料口直接加入到翻腾的熔池之中。因此，它也被称为"顶吹浸没喷枪"熔池熔炼技术。该技术最初是20世纪70年代澳大利亚联邦科学与工业研究组织为处理低品位锡精矿和含锡杂物料而开发的。1981年，该技术的主要发明人弗洛伊德博士建立澳斯麦特公司，将该技术应用于铜、铅和锡的冶炼，于是被称为澳斯麦特熔炼法。

澳斯麦特熔炼方面的专利包括大冶有色金属有限责任公司申请的"喷枪挂渣式澳斯麦特炉铜熔炼生产方法"（申请号为CN201210267250.2）、"粉煤处理铜火法冶炼沉降电炉中横隔膜及冻结层的装置"（申请号为CN201320275137.9）、"粉煤处理铜火法冶炼沉降电炉中横隔膜及冻结层的工艺方法和装置"（CN201310179305.9），以及中冶葫芦岛有色金属集团有限公司申请的"制酸废水沉淀渣在澳斯麦特炼铜中无害化处理的方法"（申请号为CN200910012390.3）。

3. 其他重要技术

中国有色工程设计研究院与山东东营方圆有色金属公司共同研发的"氧气底吹熔炼多金属捕集技术"于2008年12月顺利投入应用，实现年产阴极铜20万吨。该工艺类似于PS转炉，氧气从炉体底部吹入，不再需要捅风眼机，省人省力，且物料准备简单，烟尘率低。相关专利包括山东东营方圆有色金属公司于2014年申请的"铜冶炼烟灰浸出渣底吹还原熔炼多金属捕集工艺"（申请号为CN201410226855.6）。

山东祥光铜业公司、金川公司、中国恩菲工程技术有限公司等采用闪速吹炼炉取代常规的PS转炉，这是一个非常大的技术亮点。闪速吹炼与闪速熔炼非常类似，也是一种密闭的工艺，不再露天运输熔融冰铜物料，可以有效控制烟气的逸出，满足严格的环保要求。闪速吹炼的基本流程是对各种不同的熔炼炉（如闪速炉、澳斯麦特炉、诺兰达炉等）产出的冰铜水淬，再进行干燥、磨碎，然后在闪速吹炼炉中用高浓度富氧空气吹炼成粗铜，富氧浓度控制在 80%~90% 之间。

具体的专利申请状况如表 5-3 所示。

表 5-3 其他重要技术申请专利状况

序号	名称	申请号	申请日	申请人	法律状态
1	一种基于数学模型指导的粗铜吹炼工艺	CN200810238370.3	2008-12-15	阳谷祥光铜业有限公司	授权
2	一种高硫粗铜的阳极精炼方法	CN200810158173.0	2008-10-30	阳谷祥光铜业有限公司	驳回
3	一种从复杂镍铜精矿中高效提取镍、钴、铜及铂族金属的方法	CN201210366724.9	2012-09-26	金川集团股份有限公司	驳回
4	冰铜气流输送工艺	CN201110241378.7	2011-08-22	中国瑞林工程技术有限公司	驳回
5	热态铜锍吹炼装置	CN201620704686.7	2016-07-05	中国恩菲工程技术有限公司	授权
6	热态铜锍吹炼装置	CN201620704687.1	2016-07-05	中国恩菲工程技术有限公司	授权
7	铜冶炼设备	CN201620799649.9	2016-07-27	中国恩菲工程技术有限公司	授权
8	一种用于闪速吹炼炉粗铜排放口堵口的装置	CN201620771728.9	2016-07-21	金川集团股份有限公司	授权
9	闪速吹炼炉铸铜水套	CN201220197562.6	2012-05-04	绍兴曙光机械有限公司	授权
10	热态铜锍吹炼装置	CN201610525828.8	2016-07-05	中国恩菲工程技术有限公司	实质审查
11	热态铜锍吹炼装置	CN201610526222.6	2016-07-05	中国恩菲工程技术有限公司	实质审查

表 5-3 中的技术可能具有较高的价值，广西相关单位对其中一些技术可以无风险地借鉴和使用。

5.2.2 C22B7——非矿石原料处理方面

该领域的专利主要涉及铜阳极泥、铜渣、铜电解废液等的处理技术和贵重金属回收技术。国内该领域的主要专利申请人为中南大学、昆明理工大学、北京科技大学、东北大学和江西理工大学等高校，表明该领域技术的产业化和成果转化力度有待加强。可能是出于经济因素的考量，除了金川集团、阳谷祥光铜业有限公司、紫金矿业集团等大型国企，国内大部分铜冶炼企业在铜阳极泥、铜渣、铜电解废液处理方面的研发投入还比较少。该领域的技术对环境保护、资源回收等具有重要意义，广西相关企业可以通过产学研合作，加强该领域的技术创新。另外，该领域相关技术的研发需要较大的成本，因此需要广西各级政府给予高度重视和大力支持。

1. 铜阳极泥处理方面

铜阳极泥是电解精炼时落于电解槽底的泥状细粒物质，主要由阳极粗金属中不溶于电解液的杂质和待精炼的金属组成，往往含有贵重和有价值的金属，可以回收后作为提炼金、银等贵重金属的原料。例如，从电解精炼铜的阳极泥中可以回收铜，并提取金、银、硒、碲等。选择阳极泥处理流程的主要依据是阳极泥的化学成分和生产规模的大小。目前，国内外阳极泥处理工艺主要有以下三大类。

一是全湿法工艺流程。流程为"铜阳极泥—加压浸出铜、碲—氯化浸出硒、金—碱浸分铅—氨浸分银—金银电解"。国内相关专利申请共有15项（合并同族后为8项），大部分为高校所提出。具体的专利申请状况如表5-4所示。

表5-4 全湿法工艺申请专利状况

序号	名称	申请号	申请日	申请人	法律状态
1	一种电路板铜阳极泥分银渣回收铅锡的方法	CN200910084613.7	2009-05-22	北京科技大学	授权
2	综合回收钴铜合金中钴、铜、铁的方法	CN201310411392.6	2013-09-11	长沙矿冶研究院有限责任公司	授权
3	一种铜阳极泥的全湿法预处理方法	CN201410221865.0	2014-05-23	江西理工大学	授权

续表

序号	名称	申请号	申请日	申请人	法律状态
4	一种全湿法处理铜阳极泥的方法	CN201210561006.7	2012-12-21	江西铜业股份有限公司	授权
5	全湿法冶炼提取钴铜合金中有价金属的方法	CN201410334752.1	2014-07-15	长沙矿冶研究院有限责任公司	授权
6	一种从铜阳极泥中选择性提取金银的方法	CN201310281308.3	2013-07-05	昆明理工大学	授权
7	一种从碲化铜渣中提取铜和碲的方法	CN201410698581.0	2014-11-26	阳谷祥光铜业有限公司	授权
8	一种利用高铜含铋溶液制备氧化铋的方法	CN201110159949.2	2011-06-15	金川集团有限公司	撤回

表5-4中第1项专利的专利权人于2013年9月由北京科技大学变更为北京科技大学和致远控股集团有限公司，即该专利实现了部分转让。广西相关企业也可以采取类似方式向高校收购专利。

二是以湿法为主，火法、湿法相结合的（半）湿法工艺流程，其为目前国内大多数厂家所采用。主干流程为"铜阳极泥—硫酸化焙烧蒸硒—稀酸分铜—氯化分金—亚钠分银—金银电解"。国内相关专利申请共有24项（合并同族后为18项）。具体的专利申请状况如表5-5所示。

表5-5 湿法为主的火、湿结合工艺申请专利状况

序号	名称	申请号	申请日	申请人	法律状态
1	一种铜阳极泥分铅渣中回收金属锡的装置及方法	CN201010234797.3	2010-07-21	北京科技大学	授权
2	回收废杂铜阳极泥中有价金属的方法	CN201410269458.7	2014-06-16	岑溪市东正动力科技开发有限公司	授权
3	一种电路板铜阳极泥分银渣共沉淀制备铅酸钡粉体的方法	CN201210065503.8	2012-03-13	北京科技大学	授权

续表

序号	名称	申请号	申请日	申请人	法律状态
4	一种从铜阳极泥中提取铂钯的方法	CN201310245986.4	2013-06-20	山东恒邦冶炼股份有限公司	授权
5	从废杂铜阳极泥中回收铅锡合金的方法	CN201410267768.5	2014-06-16	永兴县星城金属有限责任公司	授权
6	一种中温氯化法处理金银铜阳极泥的方法	CN201510067540.6	2015-02-09	池州冠华黄金冶炼有限公司	授权
7	高杂质铜阳极泥处理新工艺	CN201610435882.3	2016-06-20	铜陵有色金属集团铜冠新技术有限公司	实质审查
8	一种从铜阳极泥中浸出金银钯的方法	CN201510328717.3	2015-06-15	中南大学	实质审查
9	从废杂铜阳极泥中回收银的方法	CN201510188877.2	2015-04-21	梧州市海邦科技有限公司	实质审查
10	一种回收铜阳极泥中硒的方法	CN201310238639.9	2013-06-17	山东恒邦冶炼股份有限公司	撤回

表 5-5 中第 1 项专利的专利权人于 2016 年 9 月由北京科技大学变更为北京科技大学和上饶市致远环保科技有限公司，即该专利实现了部分转让。广西相关企业也可以采取类似方式向高校收购专利。

三是以火法为主，湿法、火法相结合的火法工艺流程。主干流程为"铜阳极泥—加压浸出铜、碲—火法熔炼、吹炼—银电解—银阳极泥处理金"。在熔炼、吹炼上，波立顿公司仅用一台卡尔多炉来完成，奥托昆普公司则选用贵铅熔炼炉和转炉两台炉子来完成。代表专利包括波立顿公司申请的"从含有杂质的铜原料中回收有价值的金属成分的方法"（申请号为 CN85106965.7）。具体的专利申请状况如表 5-6 所示。

表 5-6 火法为主的火、湿结合工艺申请专利状况

序号	名称	申请号	申请日	申请人	法律状态
1	一种火法回收电路板铜阳极泥分银渣铅锡的方法	CN201310020154.2	2013-01-21	北京科技大学	授权

续表

序号	名称	申请号	申请日	申请人	法律状态
2	从铜阳极泥火法处理产生的熔炼渣中提取银、铅的方法	CN201310015731.9	2013-01-16	西北师范大学	授权
3	一种从铜阳极泥浮选尾矿中回收有价金属的方法	CN201510893020.0	2015-12-08	昆明理工大学	实质审查
4	一种分离铜阳极泥中贱金属与贵金属的方法	CN201310165404.1	2013-05-08	金川集团股份有限公司	撤回

表5-6中第1项专利的专利权人于2016年9月由北京科技大学变更为北京科技大学和上饶市致远环保科技有限公司，即该专利实现了部分转让。

综上所述，北京科技大学在铜阳极泥处理方面的专利创新独步全国，该校申请的较多相关专利实现了转让，可以成为广西铜冶炼企业重点关注的对象。

2. 铜渣处理方面

铜渣是炼铜过程中产生的渣，属于有色金属渣的一种。铜生产以火法冶炼为主，采用反射炉法炼铜排出的废渣为反射炉铜渣，采用鼓风炉法炼铜排出的废渣为鼓风炉铜渣。铜渣的化学组成为 SiO_2（30%~40%）、CaO（5%~10%）、MaO（1%~5%）、Al_2O_3（2%~4%），此外还有大量的铁（27%~35%）和少量的锌（2%~3%）。铜渣中主要的矿石为铁橄榄石，其次为磁铁矿、玻璃体和硫化物。2014年全球矿铜产量为1843万吨，其中80%是通过火法冶炼生产，我国火法炼铜产量占比超过95%。火法炼铜会产生大量铜渣，每生产1吨铜将产生2.2吨铜渣，铜渣中含有铜、铁、锌、铅、镍、钴、金、银等多种有价金属，不同冶炼方法产生的铜渣在成分上虽略有差别，但其主要成分铜、铁的含量均高于一般矿石，具有较高的经济价值。目前，铜渣的综合回收利用率低，大部分铜渣都堆存在渣场，既占用土地、污染环境，也无法创造经济效益。在高品位、易选冶铜矿日益枯竭的形势下，如何高效、清洁地从铜渣中回收有价成分是亟须解决的难题。现有从铜渣中回收金属的方法大致分为火法贫化、电场富集、铜渣选矿和湿法分离四种。

（1）火法贫化技术。火法贫化是通过炉渣还原、硫化、鼓风搅拌、提高炉渣温度等措施，加快铜渣分离，实现炉渣贫化，从而回收金属铜。最早用的电炉贫化方法和在此基础上发展而来的炉渣真空贫化技术，使渣的含铜量降到了小于0.5%，从而直接弃渣。具体的专利申请状况如表5-7所示。

表5-7　火法贫化技术申请专利状况

序号	名称	申请号	申请日	申请人	法律状态
1	一种铜吹炼渣还原贫化的方法和设备	CN201110288211.6	2011-09-26	云南铜业股份有限公司、昆明理工大学、昆明理工精诚科技有限责任公司	授权
2	铜冶炼熔融炉渣贫化的方法及用于铜冶炼熔融炉渣贫化的贫化装置	CN201310311055.X	2013-07-23	阳谷祥光铜业有限公司	授权
3	一种铜吹炼渣还原贫化设备	CN201120363102.1	2011-09-26	云南铜业股份有限公司、昆明理工大学、昆明理工精诚科技有限责任公司	授权
4	铜冶炼热态炉渣提铁工艺与装置	CN200910230701.3	2009-11-26	阳谷祥光铜业有限公司	授权
5	一种贫化铜镍精矿熔炼渣的贫化电炉	CN201020229835.1	2010-06-10	北京华盛金峰技术发展有限公司	授权
6	一种贫化铜镍精矿熔炼渣的方法	CN201010202072.6	2010-06-10	王平、黄俊华、黄艳玲	授权

续表

序号	名称	申请号	申请日	申请人	法律状态
7	一种贫化炼铜炼镍炉渣的方法	CN200910085296.0	2009-06-05	黄贤盛、王平、黄俊华	授权
8	铜冶炼热态炉渣提铁工艺与装置	CN200910230701.3	2009-11-26	阳谷祥光铜业有限公司	授权
9	铜镍钴冶炼渣与石膏渣协同处置回收有价金属的方法	CN201410646986.X	2014-11-16	中南大学	授权
10	一种铜镍冶金炉渣的处理方法	CN00123066.2	2000-10-12	中国科学院金属研究所	权利终止
11	一种铜冶炼渣贫化方法以及系统	CN201510262352.9	2015-05-21	金隆铜业有限公司	实质审查
12	一种贫铜镍熔炼炉渣的电炉	CN200920108516.2	2009-06-05	黄贤盛、赤峰金峰铜业有限公司	权利终止
13	一种多元气体分步喷吹实现铜渣深度贫化的方法	CN201611056424.5	2016-11-25	北京科技大学	公开

表5-7中第1项专利于2015年4月许可给易门铜业有限公司使用。

（2）电场富集技术。为了更有效地促进熔融的铜液滴快速富集，科研人员考虑加电场的作用，研究提出了电场富集法，使铜的最高富集率超过80%。具体的专利申请状况如表5-8所示。

表5-8 电场富集技术申请专利状况

序号	名称	申请号	申请日	申请人	法律状态
1	一种铜箔生产废水的回收利用方法	CN201310048836.4	2013-02-07	灵宝华鑫铜箔有限责任公司	授权
2	一种阴极铜的生产工艺	CN201610303866.9	2016-05-10	胡桂生	公开
3	铜冶炼过程铋富集与回收的方法	CN201510995483.8	2015-12-28	长沙赛恩斯环保科技有限公司、中南大学	实质审查

（3）铜渣的铁回收技术。铜渣中铁的回收情况是衡量铜渣综合开发利用水平的重要指标。铁有磁性，铜没有磁性，科研工作者利用此性质分离铜渣中的铜和铁。主要方法如下。

①磁选法。铜渣中的强磁成分有铁（合金）和磁铁矿。钴、镍在铁磁矿物中相对集中，铜在非磁相，因而磨细结晶良好的炉渣可作为预富集的一种手段。由于有用金属矿物在渣中分布复杂，常有连生交代，且弱磁性铁橄榄石在铜渣中占的比例较大，因而磁选效果不尽如人意。目前，世界上有多家铜冶炼厂用选矿方法对转炉渣中的铜金属进行回收，由此也产生了大量的选矿尾矿。有的单位直接磁选转炉渣，回收其中的金属铁。

该领域的专利申请共有31项（合并同族后为24项），其中重要技术申请专利状况如表5-9所示。

表5-9　磁选法领域申请专利状况

序号	名称	申请号	申请日	申请人	法律状态
1	一种废铜渣的处理方法	CN201210520356.9	2012-12-06	北京中冶设备研究设计总院有限公司	授权
2	一种氧化气氛窑炉处理铜冶炼渣生产铁铜合金微粉的方法	CN201210210957.X	2012-06-20	北京科技大学	授权
3	从铜冶炼废渣中梯级回收铁、铜及贵金属的方法	CN201410149891.7	2014-04-15	中国地质科学院矿产综合利用研究所	授权
4	一种从铜冶炼渣中回收铜、铁和硅的方法	CN201410681329.9	2014-11-24	阳谷祥光铜业有限公司	实质审查
5	从铜渣中分离有价金属的方法	CN201410682920.6	2014-11-24	北京神雾环境能源科技集团股份有限公司	实质审查
6	铜渣缓冷处理工艺	CN201310476225.X	2013-10-12	中冶宝钢技术服务有限公司	授权
7	一种转底炉联合磨矿磁选设备处理铜渣的系统	CN201621252991.3	2016-11-22	江苏省冶金设计院有限公司	授权

续表

序号	名称	申请号	申请日	申请人	法律状态
8	一种高温熔融铜渣提取铁铜合金的方法	CN201310284197.1	2013-07-08	阳谷信民耐火材料有限公司	授权
9	一种磨矿磁选处理铜渣的系统和方法	CN201611031758.7	2016-11-22	江苏省冶金设计院有限公司	实质审查
10	一种回转窑处理水淬铜渣回收铁铅锌的方法	CN201410245141.X	2014-06-04	北京中冶设备研究设计总院有限公司	实质审查
11	一种低品位冰铜渣的环保高效资源回收工艺	CN201610072374.3	2016-02-02	广州中科正川环保科技有限公司	实质审查
12	从铜渣中分离有价金属的系统	CN201420712519.8	2014-11-24	北京神雾环境能源科技集团股份有限公司	授权

表5-9中的一些专利进行了转让，其中包括北京科技大学申请的专利。在铜渣综合处理利用方面，该校的研发实力令人瞩目。

②氧化改性法。高温熔融氧化法是在温度高于1200℃时，向熔池中吹入氧化性气体，在氧化性气氛中将铁橄榄石中的铁转化为Fe_3O_4，然后通过磁选工艺回收铜渣中的磁性氧化铁。通过对铜渣的氧化处理，可使富铁相Fe_3O_4有效地析出并粗化，解决了磁选分离困难、铁精矿硅含量超标和回收率低等问题，实现了铁组分的选择性富集与分离。低温氧化法可以解决高温熔融氧化能耗高、易过氧化等问题。该方法通过控制氧气流量、氧化温度、时间等反应因素，实现在低温条件下将铁橄榄石转变为磁性铁，从而在后续的处理中提高铁的品位和回收率。

该领域的专利申请量较少，未来广西可以在该领域重点发展。具体的专利申请状况如表5-10所示。

表 5-10 氧化改性法领域申请专利状况

序号	名称	申请号	申请日	申请人	法律状态
1	利用可燃物对有色金属铜渣/镍渣进行改性和制备优质燃料的方法	CN200710066166.3	2007-09-06	昆明理工大学	权利终止
2	热熔铜炉渣改性工艺及其装置	CN201510593776.3	2015-09-17	阳谷祥光铜业有限公司	授权

（4）湿法处理铜渣技术。由于不同的冶炼工艺产生的铜渣中铜、铁的含量和性质不同，因此需要用不同的浸出方法进行分离处理，常用的有氯化浸出和硫酸化浸出两种。采用湿法分离可以克服火法贫化过程中能耗高、污染大的缺点，还能综合回收铜、锌、镍等有价元素，回收价值高，具有良好的选择性。该方法适于处理品位较低的铜渣。

该领域的专利申请共有 143 项（合并同族后为 101 项），主要申请人包括昆明理工大学、云南驰宏锌锗股份有限公司、中南大学、金川集团股份有限公司、斯莱登（北京）化工科技有限公司、阳谷祥光铜业有限公司等，前六位申请人绝大部分为企业，表明该领域的技术已经比较成熟，实现了较大规模的产业化。相关重要技术申请专利状况如表 5-11 所示。

表 5-11 湿法处理铜渣技术申请专利状况

序号	名称	申请号	申请日	申请人	法律状态
1	一种处理含铜物料的方法	CN201010291320.9	2010-09-26	金川集团有限公司	撤回
2	从铜冶炼渣中综合回收 Fe、Cu、Si 的方法	CN200910094485.4	2009-05-22	昆明理工大学	权利终止
3	在常温常压下利用铜渣生产硫酸铜的工艺方法	CN201110063556.1	2011-03-16	云南驰宏锌锗股份有限公司	授权
4	一种从铜镉渣中回收镉的方法	CN201110449609.3	2011-12-29	株洲冶炼集团股份有限公司	驳回
5	一种从碲铜渣中提取碲的方法	CN201210266666.2	2012-07-30	阳谷祥光铜业有限公司	授权

续表

序号	名称	申请号	申请日	申请人	法律状态
6	铜镉渣中铜、镉、锌分离富集的方法	CN201210169116.9	2012-05-28	陕西安圣美贸易发展有限公司	授权
7	铜精炼炉渣中有价金属选择性浸出的方法	CN200910304611.4	2009-07-21	中南大学	授权
8	一种粗锡除铜渣的处理方法	CN201210377436.3	2012-10-08	来宾华锡冶炼有限公司	撤回
9	一种高杂质低品位的置换铜渣生产氧化亚铜的方法	CN201010144260.8	2010-04-12	云南祥云飞龙有色金属股份有限公司	授权
10	一种废铜渣的处理方法	CN201210520356.9	2012-12-06	北京中冶设备研究设计总院有限公司	授权
11	一种从炼铜废渣中回收铜铅锌锡金属的冶金工艺	CN201110340856.X	2011-11-02	郴州丰越环保科技有限公司	授权
12	一种微波焙烧处理湿法炼锌铜渣的除氯方法	CN201210095568.7	2012-04-01	昆明理工大学	驳回

5.2.3　C02F——湿法从矿石中提取铜方面

湿法炼铜又称为水法炼铜，是利用某种溶剂，借助化学反应（包括氧化、还原、中和、水解及络合等反应），对原料中的铜进行提取和分离的冶金过程。湿法炼铜一般适于处理低品位的氧化铜，生产出的精铜称为电积铜。主要流程为"酸浸—萃取—电积"，即氧化铜加酸进行搅拌并进行化学反应，产生硫酸铜及硫酸铁溶液，再通过萃取和反萃取，去除铁元素，最后通过电解生产出99.9%以上的阴极铜。随着铜矿石开采品位逐年下降，难处理矿石逐渐增加，以及社会对二氧化硫所造成的环境污染日益关注，特别是近年来铜价大幅度波动，人们对湿法炼铜给予了很大的关注，因而湿法冶金工艺得到了快速发展。

1. 堆浸技术

堆浸是国内外化学选矿中最为成熟、应用范围最广的浸出工艺，目前世界上采用湿法回收的铜金属绝大多数出自对难采、难选的低品位矿石的堆浸。由于常规堆浸酸耗高，浸出率相对较低，因而提高铜的浸出率，缩短浸出周期，降低酸耗，才能提高浸出的经济效益。

该领域的专利申请共有72项（合并同族后为44项），主要申请人包括北京有色金属研究总院、紫金矿业集团股份有限公司、中南大学、中国科学院过程工程研究所、中国瑞林工程技术有限公司、云南迪庆矿业开发有限责任公司、北京科技大学等，处理的铜矿类型包括原生硫化铜矿、混合铜矿石、氧化铜矿、次生硫化铜矿等。具体的专利申请状况如表5-12所示。

表5-12 堆浸技术申请专利状况

序号	名称	申请号	申请日	申请人	法律状态
1	一种用于黄铜矿浸矿的中度嗜热富集物	CN200910043514.4	2009-05-27	中南大学	撤回
2	一种从混合类型铜矿中提取铜的方法	CN02151601.4	2002-12-18	福建紫金矿业股份有限公司	授权
3	次生硫化铜矿生物浸出过程黄铁矿选择性抑制工艺	CN200610144129.5	2006-11-28	北京有色金属研究总院	授权
4	含铜金矿的选择性堆浸提金工艺	CN201010146718.3	2010-04-09	紫金矿业集团股份有限公司	授权
5	一种用于高寒地区高泥氧化铜矿的湿法处理工艺	CN200710179067.6	2007-12-10	北京有色金属研究总院	驳回
6	铜矿石的联合堆浸工艺	CN03137338.0	2003-06-18	北京有色金属研究总院	授权
7	中等嗜热菌及低品位原生硫化铜矿的化学与生物联合堆浸工艺	CN200610078976.6	2006-04-29	北京有色金属研究总院	授权
8	泥、铁、钙、镁高含量氧化铜矿的综合处理方法	CN200910218392.8	2009-12-18	云南迪庆矿业开发有限责任公司	授权

续表

序号	名称	申请号	申请日	申请人	法律状态
9	低品位高碱性混合铜矿、镍矿和锌矿的湿法浸出方法	CN200510031356.2	2005-03-23	中南大学	权利终止
10	氧化铜矿酸法堆浸新工艺	CN200710177288.X	2007-11-13	北京有色金属研究总院	授权
11	难处理金精矿与铜冶炼渣联合生物堆浸综合回收金和铜的工艺	CN201310008981.X	2013-01-10	紫金矿业集团股份有限公司	授权
12	一种处理氧化铜矿的浸出萃取电积法	CN96120047.2	1996-10-14	北京矿冶研究总院	权利终止
13	浸矿菌及其用于原生硫化铜矿高温生物堆浸工艺	CN200710177281.8	2007-11-13	北京有色金属研究总院	授权
14	铜矿石细菌地下堆浸工艺	CN200710034749.8	2007-04-16	中南大学	权利终止
15	含铜尾渣的湿法浸出方法	CN201010146678.2	2010-04-09	紫金矿业集团股份有限公司	授权

2. 直接浸溶技术

硫化铜精矿用熔剂直接浸溶有常压和高压两种方法。

（1）常压氨浸：是在接近常压和60~80℃条件下，在机械搅拌的密闭设备中用氧、氨和硫酸铵进行浸出。由于压力小，部分铜矿物及全部黄铁矿未参与反应，浸出残渣用浮选法处理，获得黄铁矿精矿、铜精矿和尾矿。浸出液用二氧化硫作还原剂，还原出亚硫酸铵亚铜沉淀，再经高温加压分解产出铜粉。在最佳条件下，铜的回收率为97%~99%。使用该流程的厂家是美国的阿纳康达公司（1974年）。另外，可以在常压下用三氯化铁作为浸出剂，使硫化铜精矿中的铜以Cu_2Cl_2形态进入浸出液，再用电积法或其他方法从浸出液中回收铜。此法的研究流程有克利尔法、柯明科法、美国矿务局的$FeCl_3$浸出流程、南非国立研究所流程以及塞梅特法。具体的专利申请状况如表5-13所示。

表 5-13 常压氨浸技术申请专利状况

序号	名称	申请号	申请日	申请人	法律状态
1	氧化铜矿两段氨浸—分流萃取的方法	CN201210204856.1	2012-06-20	昆明理工大学	授权
2	一种常温常压氨浸铜装置	CN200920193006.X	2009-08-27	浙江华友钴业股份有限公司	授权
3	一种三氯化铁处理铅冰铜的工艺	CN201110270200.5	2011-09-14	郴州市金贵银业股份有限公司	授权
4	搅拌氨浸与渗滤池氨浸联用处理氧化铜或氧化锌矿石的方法	CN201210204869.9	2012-06-20	昆明理工大学	授权
5	氧化铜矿原矿常温常压氨浸—萃取—电积—浸渣浮选方法	CN200510010932.5	2005-07-25	方建军、张亚南、张文彬	权利终止
6	从金铜矿中提取铜铁金银硫的方法	CN97105056.2	1997-01-27	东北大学	撤回
7	一种从氧化铜矿中回收铜的湿法冶金方法	CN92101545.3	1992-03-13	北京矿冶研究总院	权利终止

（2）高压浸出：有高压酸浸和高压氨浸，两者在经济上只适合于处理镍铜钴或镍铜复合原料（精矿、高锍）。对黄铜矿精矿，必须在 3500kPa 压力和 115℃温度下才能实现 90% 以上的浸出率。具体的专利申请状况如表 5-14 所示。

表 5-14 高压浸出技术申请专利状况

序号	名称	申请号	申请日	申请人	法律状态
1	一种从高铅铜锍中回收金属铜的工艺	CN201110269410.2	2011-09-13	郴州市金贵银业股份有限公司	授权
2	一种联产硫酸钙晶须的硫化铜矿高压氧酸浸工艺	CN200910172590.5	2009-11-17	灵宝金源矿业股份有限公司	授权
3	多功能氨浸氧化铜矿石反应罐	CN93207859.1	1993-04-01	尹国宗	权利终止

3. 生物菌炼铜技术

生物菌溶浸硫化矿物是一个非常复杂的生物化学过程，既有生物酶参与的直接氧化过程，又有经过生物氧化使 Fe^{2+} 变为 Fe^{3+}，Fe^{3+} 在有氧和水酸性条件下反应浸出铜的过程。生物酶催化的氧化速率较空气与水的氧化速率快50万~100万倍。

该领域的专利申请共有130项（合并同族后为103项），相关技术涉及的生物菌包括嗜酸氧化亚铁硫杆菌、嗜酸氧化硫硫杆菌、氧化硫硫杆菌、嗜铁钩端螺旋菌、氧化亚铁钩端螺旋菌、氧化亚铁硫杆菌、喜温硫杆菌、浸矿微生物、中等嗜热菌等。主要的专利申请人包括北京有色金属研究总院、中南大学、江南大学、东北大学、上海第二工业大学、中国科学院过程工程研究所、福建紫金矿业股份有限公司等，其中大部分为高校院所，表明该领域的技术创新成果可能尚未完全实现产业化。具体的专利申请状况如表5-15所示。

表5-15 生物菌炼铜技术申请专利状况

序号	名称	申请号	申请日	申请人	法律状态
1	一种用于黄铜矿浸矿的中度嗜热富集物	CN200910043514.4	2009-05-27	中南大学	撤回
2	一种铜矿石的生物冶金浸矿微生物组合菌液及其回收金属铜的方法	CN201010526619.8	2010-10-31	中南大学	授权
3	一种从混合类型铜矿中提取铜的方法	CN02151601.4	2002-12-18	福建紫金矿业股份有限公司	授权
4	次生硫化铜矿生物浸出过程黄铁矿选择性抑制工艺	CN200610144129.5	2006-11-28	北京有色金属研究总院	授权
5	细菌浸出含铜黄铁矿石中的铜的方法	CN200410022826.4	2004-01-12	张在海	权利终止
6	一种原生硫化矿细菌浸出制备高纯铜的方法	CN200710034748.3	2007-04-16	中南大学	权利终止
7	铜矿石的联合堆浸工艺	CN03137338.0	2003-06-18	北京有色金属研究总院	授权

续表

序号	名称	申请号	申请日	申请人	法律状态
8	中等嗜热菌及低品位原生硫化铜矿的化学与生物联合堆浸工艺	CN200610078976.6	2006-04-29	北京有色金属研究总院	授权
9	难处理金精矿与铜冶炼渣联合生物堆浸综合回收金和铜的工艺	CN201310008981.X	2013-01-10	紫金矿业集团股份有限公司	授权
10	浸矿菌及其用于原生硫化铜矿高温生物堆浸工艺	CN200710177281.8	2007-11-13	北京有色金属研究总院	授权
11	铜矿石细菌地下堆浸工艺	CN200710034749.8	2007-04-16	中南大学	权利终止
12	复杂黄铜矿型浮选尾矿的细菌浸铜方法	CN200910011677.4	2009-05-22	东北大学	授权
13	一种利用微生物回收污泥中金属铜的方法及专用装置	CN200910214607.9	2009-12-31	惠州市雄越保环科技有限公司	驳回
14	应用含菌的铜矿酸性矿坑水浸出硫化铜矿新工艺	CN02145971.1	2002-10-28	北京有色金属研究总院、福建紫金矿业股份有限公司	授权
15	一种利用微生物提取金属铜的方法及其应用	CN200610039822.6	2006-04-24	南京大学	权利终止
16	高硫/铜比次生硫化铜矿选择性生物浸出工艺	CN201010163027.4	2010-05-05	北京有色金属研究总院	授权
17	一种次生硫化铜矿两段生物堆浸方法	CN201310134131.4	2013-04-17	中国科学院过程工程研究所	授权
18	低温浸矿菌及其用于硫化铜矿的低温生物堆浸工艺	CN200710179060.4	2007-12-10	北京有色金属研究总院	授权

从表5-15可知，目前国内企业之中紫金矿业公司在生物菌炼铜方面的研发实力可能是最强的，其建立了硫化铜矿细菌浸出—萃取—电积试验厂

（年产铜 1000 吨）。该领域的大量专利都是高校院所申请，并且没有实现转让或许可，表明国内该领域的技术发展尚未成熟，广西相关企业可以重点进军该领域。我国属贫铜国家，对低品位铜矿、难选的混合矿、含铜极低的废矿进行利用是开发铜资源的方向。生物菌炼铜具有投资少、无污染、操作简单、运行成本低等优点，因此筛选适合我国国情的生物菌种，大力发展生物菌炼铜技术具有广阔的前景。随着新成果的不断出现、工艺的不断完善，许多用现有方法不能处理的矿石，在不久的将来都可能得到充分利用。

5.2.4　C25C1——电解法生产铜方面

将粗铜（含铜量 99%）预先制成厚板作为阳极，纯铜制成薄片作为阴极，以硫酸和硫酸铜的混合液作为电解液，通电后，铜从阳极溶解成铜离子（Cu）向阴极移动，到达阴极后将会获得电子而在阴极析出纯铜（亦称电解铜）。粗铜中比铜活泼的杂质铁和锌等会随铜一起溶解为离子（Zn 和 Fe）。由于这些离子与铜离子相比不难析出，因此电解时只要适当调节电位差即可避免这些离子在阴极上析出。比铜不活泼的杂质如金、银等沉积在电解槽的底部。这样生产出来的太铜板称为电解铜，质量高，可以用来制作电气产品。沉淀在电解槽底部的称为阳极泥，里面富含金、银，是十分贵重的物体，可以取出再加工，具有极高的经济价值。

1. 超声波电解法

超声波电解法是在铜电解过程中引入超声波技术，强化电解液搅拌的电解方法。其原理为对电解液施加超声波作用，使电解液剧烈振荡，实现常规机械搅拌未能达到的搅拌效果。在此条件下，阴极表面与电解液之间的扩散层被打破，有利于提高金属离子在电解液中的迁移速率，使得较多的金属离子在阴极放电，进而提高阴极表面电铜沉积速率，提高极限电流密度。另外，超声波的引入还将有利于阳极泥的沉降、阴极析出电位的提高，使阴极表面浓度与溶液浓度十分接近，大大提高离子迁移速度。超声波能够有效分散铜晶粒，因此，将阻碍铜晶粒的长大过程。超声波电解技术本质上是通过引入非机械搅拌的强化手段，提高电解液离子的迁移速率，从而改善整个电解过程，是一种非常有前景的电解方法。但当前超声波能量仪难以满足生产要求，今后的研究重点在于研制能够应用于实际电解铜生产的超声波仪器。

该领域的专利申请共有 8 项（合并同族后为 6 项）。具体的专利申请状况如表 5-16 所示。

表 5-16 超声波电解法领域申请专利状况

序号	名称	申请号	申请日	申请人	法律状态
1	阴极铜超声波清洗槽	CN200810159276.9	2008-11-27	东营方圆有色金属有限公司	撤回
2	用氧化铜矿提供铜离子的超声除氯方法	CN201210343552.3	2012-09-17	株洲市兴民科技有限公司	授权
3	一种从有机硅废渣中回收铜和硅粉的方法	CN201210417541.5	2012-10-29	浙江特力再生资源有限公司	授权
4	镍溶液的脱铜方法	CN201611259526.7	2016-12-30	四川师范大学	实质审查
5	一种高效分离回收铜电解液中铜砷的方法	CN201510996348.5	2015-12-28	中南大学、长沙赛恩斯环保科技有限公司	实质审查
6	一种低品位含铜尾矿湿法冶炼系统	CN201620149221.X	2016-02-27	沈阳有色冶金设计研究院	授权

2. 不锈钢阴极法

不锈钢阴极法以其独特的优越性受到铜冶金行业的青睐，目前已在国内外得到广泛应用。不锈钢阴极法最早由澳大利亚的汤士维尔冶炼厂在 1978 年开发并应用于大规模生产，简称为 ISA 法。1986 年，加拿大鹰桥公司的奇得克里克冶炼厂开发了另一种不锈钢阴极电解技术，称为 KIDD 法。此外，芬兰奥托昆普公司开发的 OK 不锈钢阴极法在 2004 年被应用于工业化生产。截至 2006 年，应用不锈钢阴极法的电解精炼厂已达 40 多家，产出的铜量占世界总产量的 60% 以上。虽然国内应用较晚，但已经有了推广的趋势，目前已有多家大型冶炼厂家采用。

该领域的专利申请共有 40 项（合并同族后为 31 项），主要的专利申请人为昆明理工大学、四会市鸿明贵金属有限公司、肇庆市大鸿明贵金属有限公司、芜湖恒昌铜精炼有限责任公司、云南凯多科技有限公司、云南铜业股份有限公司、大冶有色金属有限责任公司等，企业在申请人中占绝大多数，表明该领域的技术在相关产业已得到广泛的应用。具体的专利申请状况如表 5-17 所示。

表 5-17　不锈钢阴极法领域申请专利状况

序号	名称	申请号	申请日	申请人	法律状态
1	一种再生酸性蚀刻液和回收铜的方法及其专用装置	CN200910214606.4	2009-12-31	惠州市雄越保环科技有限公司	授权
2	铜电解精炼耐用型不锈钢阴极板的制备方法	CN02113351.4	2002-02-06	昆明理工大学	撤回
3	一种硝酸铜溶液电积的方法	CN200810218501.1	2008-10-21	四会市鸿明贵金属有限公司、肇庆市大鸿明贵金属有限公司	权利终止
4	一种铜镍基合金废料回收铜、镍的方法	CN201310673020.0	2013-12-12	昆明理工大学	授权
5	一种铜电解永久不锈钢阴极铣边机	CN201621096728.X	2016-09-30	云南铜业股份有限公司、昆明理工大学、云南凯多科技有限公司	授权
6	一种电解-分段电积法处理含铜镍物料的方法	CN201310673149.1	2013-12-12	昆明理工大学	授权
7	一种永久不锈钢阴极板电铜预剥离装置	CN201620447922.1	2016-05-17	江西众合装备技术有限公司	授权
8	一种电积铜用铅基惰性阳极的预处理方法	CN201010547941.9	2010-11-17	北京有色金属研究总院	撤回

续表

序号	名称	申请号	申请日	申请人	法律状态
9	一种应用于阴极铜电解生产的阴极组件	CN201520909664.X	2015-11-16	大冶有色机电修造设备有限公司	授权
10	一种循环除杂式的铜精炼电解槽	CN201620662982.5	2016-06-29	芜湖恒昌铜精炼有限责任公司	授权
11	一种铜阳极旋转电解制合格阴极铜的装置	CN201420537783.2	2014-09-18	龙济时代（北京）新能源科技有限公司、朱海涛、化德县泫龙新材料科技有限公司、天地未来（北京）科技发展有限公司	授权
12	一种大尺寸复杂铜阳极板ISA电解精炼的方法	CN201611146957.2	2016-12-13	云南锡业股份有限公司铜业分公司	实质审查
13	铜电解精炼用不锈钢阴极板制备方法	CN200910163213.5	2009-12-23	昆明理工恒达科技有限公司	撤回
14	内注铜液型铜导电棒不锈钢永久阴极板	CN201220191853.4	2012-04-28	沈阳凯斯圣电解设备环保工程有限公司	授权
15	一种低能耗卧式电解铜装置及其电解工艺	CN201510182501.0	2015-04-17	绵阳市鑫科源环保科技有限公司	实质审查
16	高纯度电解铜及其电解提纯方法	CN201310223871.5	2013-06-06	三菱综合材料株式会社	授权
17	一种铜电解液净化除杂的方法	CN201610775577.9	2016-08-31	紫金铜业有限公司	实质审查
18	废杂铜直接电解精炼电解铜清洁生产工艺	CN201310549293.4	2013-11-08	青岛宏泰铜业有限公司	公开

表5-17中第8项关于"一种电积铜用铅基惰性阳极的预处理方法"的

专利申请于 2013 年 9 月由北京有色金属研究总院提出，并且相关技术部分转让给了广西的南丹县南方有色金属有限责任公司（转让后的专利申请人变更为北京有色金属研究总院和南丹县南方有色金属有限责任公司），但在 2014 年，该专利申请被视为撤回，因此南丹县南方有色金属有限责任公司在该技术的转让上可能承受了一定损失。实际上，除了北京有色金属研究总院，广西企业也可以考虑收购昆明理工大学申请的专利，因为相比之下，该校的专利技术较为全面和先进。

3. 脉冲电解法

脉冲电解法旨在通过改变电流波形减小扩散层厚度，并通过调节占空比（电流通断时间）来消除浓差极化，从而实现在高电流密度下电解制备高纯铜的目的。脉冲电解可以降低硫酸用量和电解温度，电解过程几乎可以在室温下进行，同时降低了对添加剂的需求。脉冲电流产生于新型的脉冲电解电源，它可根据一定的时间规律，向负载加电一定的时间，再断电一定的时间，通断一次为一个周期，并连续传递下去。与传统直流电解相比，脉冲电解不仅可以调节电流大小，还能对电流的通断时间、脉冲频率等多个参数进行调节，有利于控制沉积速度和提高阴极铜沉积层质量。该领域的专利申请状况如表 5-18 所示。

表 5-18 脉冲电解法领域申请专利状况

序号	名称	申请号	申请日	申请人	法律状态
1	一种从含铜锌废物中分离富集铜、锌的方法	CN201410042951.5	2014-01-29	同济大学	授权
2	用于工业铜电解精炼的方法	CN201280067648.X	2012-10-17	纳诺莫泰乐吉有限公司	实质审查
3	基于电化学法从废旧电路板中回收铜制备高纯超细铜粉的工艺	CN201510595496.6	2015-09-18	中南大学、宁波恒创环保科技有限公司	实质审查

4. 周期反向电流电解法

周期反向电流电解法是通过周期性短时间改变直流电电流方向的新型

电解方法。工作原理为：当电流正向时，发生氧化反应，阳极铜发生溶解，进入电解液；当电流反向时，发生还原反应，阴极表面劣质沉积层发生溶解，使得阴极铜质量高、表面致密光滑。反向电流的应用可迅速消除阳极表面的浓度梯度，同时便于阳极泥的剥离，因此，利用周期反向电流进行铜电解，不仅可减小浓差极化、防止阳极钝化、提高电流密度，还可以强化电解过程、提高阴极铜质量。具体的专利申请状况如表5-19所示。

表5-19 周期反向电流电解法领域申请专利状况

序号	名称	申请号	申请日	申请人	法律状态
1	一种从复杂溶液中高效萃取－电积铜及杂质平衡控制技术	CN201210129144.8	2012-04-27	福建金山黄金冶炼有限公司	驳回
2	一种铜电解永久不锈钢阴极的修复方法	CN201610870736.3	2016-09-30	云南铜业股份有限公司、昆明理工大学、云南凯多科技有限公司	实质审查
3	一种利用含铜污泥生产电解铜的低能耗方法	CN201611046446.3	2016-11-23	肇庆市飞南金属有限公司	实质审查
4	一种利用含铜污泥生产电解铜的方法	CN201410441019.X	2014-09-02	肇庆市飞南金属有限公司	授权
5	利用含铜污泥生产电解铜并分离镍、砷和锡的低能耗方法	CN201611046435.5	2016-11-23	肇庆市飞南金属有限公司	公开
6	用低铜、高镍、高锡阳极电解实现铜、镍、锡分离的方法	CN201611046434.0	2016-11-23	肇庆市飞南金属有限公司	实质审查

5.2.5 C02F1——废水、污水处理方面

铜的冶炼、加工以及电镀等工业生产过程中会产生大量含铜废水，其含铜浓度高，排入水体中会严重影响水的质量，对环境造成污染。水中铜含

量达0.01mg/L时，对水体自净有明显的抑制作用；超过3mg/L时，会产生异味；超过15mg/L时，就无法饮用。因此，工业废水必须经过处理才能达到环境要求。铜冶炼废水包括冲渣废水及冶炼烟气洗涤和制酸产生的含铜、锌、砷、氟等离子的酸性废水。冲渣废水经沉淀后可以循环使用。硫酸厂废酸处理设备排出的污酸和地面排水含酸量高，并含有砷、氟和重金属离子，一般采用化学沉淀法处理。其中以氢氧化物沉淀法应用最广，其次为硫化物沉淀法，也有两法相结合的。废水经均化池后先投加石灰石粉末调节pH值至3.5以上，使大部分硫酸生成石膏，大部分氟生成氟化钙，并沉淀分离。然后投加硫酸亚铁除砷，加硫酸铝除氟。当水中含Fe^{2+}时，投加石灰乳，控制pH值为7~8并进行曝气，使其氧化成Fe^{3+}，继续投加石灰乳至pH值为9~10，再加适量凝聚剂，从而和其他重金属离子一道，成为金属氢氧化物沉淀除去。具体方法如下。

1. 化学沉淀法

化学沉淀法是铜和大多数重金属的常规处理方法，一般酸性含铜污水经调整pH值后，再经沉淀过滤，能实现出水含铜<0.5mg/L。用化学沉淀法处理含铜废水具有技术成熟、投资少、处理成本低、适应性强、管理方便、自动化程度高等诸多优点，在适当的条件下，处理后的废水中铜离子的质量浓度显著低于国标规定的污水排放标准。化学沉淀法的不足之处在于会产生含重金属污泥，若污泥没有得到妥善的处理，还会产生二次污染。用化学沉淀法处理含铜废水时，首先必须破除络合物，使铜以离子形式存在于清洗废水中，否则会形成铜络合物，处理后的出水铜含量依然很高；其次，固液分离效果对出水铜含量的影响较大，所以设计处理工艺时要加重力澄清池和砂滤，这样占地面积就很大。此外，只有pH值控制适宜，澄清池设计合理，沉渣沉淀性能良好或通过过滤进行三级处理，出水铜含量才能稳定地不超过0.5mg/L。

该领域的专利申请共有10项（合并同族后为7项）。具体的专利申请状况如表5-20所示。

表 5-20 化学沉淀法领域申请专利状况

序号	名称	申请号	申请日	申请人	法律状态
1	含铜废酸水处理方法	CN200410086303.6	2004-10-25	郭胜、天津市东远化工厂	授权
2	一种回收酸性矿山废水中铁/铜资源的分步沉淀工艺	CN201110132686.6	2011-05-20	中国科学院广州地球化学研究所	撤回
3	一种通过重金属吸附材料实现铜和钾分离、富集、提纯的方法	CN201310440585.4	2013-09-25	工信华鑫科技有限公司	公开
4	铜箔基板原料厂废水处理系统	CN200820045541.6	2008-03-27	东莞联茂电子科技有限公司、联茂电子股份有限公司	权利终止
5	从金属污泥中回收金属铜的方法	CN01104211.7	2001-02-21	谢祯辉	权利终止
6	一种含铜废水处理过程中提高污泥沉降性能的方法	CN201610064558.5	2016-01-29	中南大学	实质审查
7	一种铜氨废水专用处理剂的生产方法	CN200910161198.0	2009-08-09	深圳市杜邦环保科技有限公司	撤回

从表 5-20 可知，该领域的专利较少，而且其中一些已失效，表明该领域可能不是废水、污水处理工艺重点发展的领域。

2. 电解法

电解法在处理硫酸盐镀铜废水中得到了广泛应用，特别是电解法–离子交换法组合，或是电解法–化学沉淀法组合。

该领域的专利申请共有 160 项（合并同族后为 115 项），涉及海水淡化、微电解、反渗透膜、铁碳微电解、纳米线阵列、量子点、离子捕捉剂、光催化材料和膜分离等技术。主要的专利申请人包括南京大学、中南大学、华南理工大学、山东大学、武汉科梦环境工程有限公司、浙江师范大学和重庆华浩冶炼有限公司等。该领域多位个人专利申请人的专利成功转让给了相关企业，具体包括：何剑波申请的"铜蚀刻液再生循环方法及装置"专利（申请号为CN200710026628.9）转让给了广州市吉驰环保科技有限公司，张意立申请的"一种铜合金双内螺纹联轴器隔离海水淡化装置"专利（申请号为CN201310230436.5）转让给了珠海市中船水处理设备有限公司，王晓景申请的"用铁铜或铁碳还原处理工业废水的水力循环微电解设备"专利（申请号为CN201521119517.9）转让给了深圳深态环境科技有限公司，等等。该领域的专利转让、许可比较活跃，表明该领域的技术可能受到业界的重点关注，广西相关企业可以将该领域作为发展重点。

2013年7月，深圳市洁驰科技有限公司对一项名为"一种蚀刻废液或低含铜废水的提铜方法"的专利（申请号为CN200610036528.X）提出了无效申请，该专利为自然人王万春于2006年7月申请，并于2011年5月转让给了江门市蓬江区大盈机电设备有限公司。深圳市洁驰科技有限公司于2010年申请了一项名为"一种碱性铜蚀刻液循环再生水洗装置"的专利（申请号为CN201020056240.0），该专利与上面的专利比较接近，深圳市洁驰科技有限公司有可能是为了取得市场竞争优势，而向竞争对手的相关专利提出了无效申请。2013年10月，CN200610036528.X号专利被宣告全部无效，表明深圳市洁驰科技有限公司对竞争对手的重要专利采取的无效策略获得了成功。该领域的专利申请状况如表5-21所示。

表5-21 电解法领域申请专利状况

序号	名称	申请号	申请日	申请人	法律状态
1	膜分离-电解集成处理含重金属铜废水的方法	CN200710056689.X	2007-02-01	天津大学	授权
2	一种铜基铁碳微电解催化剂	CN201410444688.2	2014-09-03	甘成模	授权
3	从含有铜的酸性废液中除去回收铜的方法和装置以及含铜物的制造方法	CN200880124668.X	2008-08-28	荏原工程服务有限公司	授权

续表

序号	名称	申请号	申请日	申请人	法律状态
4	铜蚀刻液再生循环方法及装置	CN200710026628.9	2007-01-31	何剑波	授权
5	含有高砷的铜冶炼废水处理回收利用工艺	CN201110207197.2	2011-07-22	内蒙古介电电泳应用技术研究院	授权
6	一种从低含铜废水中回收精铜的工艺及装置	CN201310336968.7	2013-08-05	湖南凯天重金属污染治理工程有限公司	授权
7	电解铜粉废液的处理方法及其应用	CN200810069599.9	2008-04-28	重庆华浩冶炼有限公司	授权
8	一种焦磷酸盐镀铜废水的处理方法	CN200810249852.9	2008-12-30	山东天诺光电材料有限公司	授权
9	一种电解处理含铜电镀废水并回收铜的方法	CN201210182220.1	2012-06-01	浙江师范大学	授权
10	一种利用铁炭微电解技术处理含铜废水的方法	CN201310189126.3	2013-05-20	江苏通瑞环保科技发展有限公司	授权
11	利用弱酸离子交换纤维处理含镍/含铜电镀废水的方法	CN201310560417.9	2013-11-12	郑州大学	授权
12	一种铁碳微电解处理高浓度含铜抗生素废水及回收铜的方法	CN201010293120.7	2010-09-27	中国环境科学研究院	授权
13	一种铁铜双金属粒子处理难降解废水的方法	CN201210303734.8	2012-08-24	四川大学	授权
14	电解铜箔反渗透纳滤膜回收金属铜装置	CN200720126115.0	2007-10-19	西安德奇水处理有限公司	授权
15	一种碱性铜蚀刻液循环再生水洗装置	CN201020056240.0	2010-01-04	深圳市洁驰科技有限公司	授权
16	一种蚀刻废液或低含铜废水的提铜方法	CN200610036528.X	2006-07-08	江门市蓬江区大盈机电设备有限公司	全部无效

续表

序号	名称	申请号	申请日	申请人	法律状态
17	一种处理高酸高铜电镀废水用旋流电解桶	CN201520670776.4	2015-09-01	苏州联科纳米净化科技有限公司	授权
18	处理铜冶金流程中含氯酸性废水的离子交换膜电解方法	CN201210130248.0	2012-04-28	云南铜业股份有限公司、昆明理工大学	授权
19	一种利用乳状液膜回收含氰废水中铜和氰化物的方法	CN201510042383.3	2015-01-27	东北大学	授权
20	用铁铜或铁碳还原处理工业废水的水力循环微电解设备	CN201521119517.9	2015-12-30	王晓景	授权
21	电解单元数量可调的高酸高铜电镀废水用旋流电解设备	CN201520670794.2	2015-09-01	苏州联科纳米净化科技有限公司	授权
22	一种含铜废水复合电解槽处理方法	CN201310553958.9	2013-11-08	华南理工大学	授权
23	一种高精度控制废蚀刻液内各离子浓度提铜的方法	CN200910037528.5	2009-02-25	东莞市华联环保工程有限公司	撤回
24	用膜分离技术回收电解铜箔生产中酸性废水的方法	CN200610070551.0	2006-11-28	招远金宝电子有限公司	驳回

3. 吸附法

吸附法是利用材料的物理吸附和化学吸附等作用去除废水中有害物质的方法，应用十分广泛。用吸附法处理含铜废水时，使用的吸附剂来源广泛，成本低，操作方便，吸附效果好，但吸附剂的使用寿命短，再生困难，难以再次回收铜离子。

该领域的专利申请共有 192 项（合并同族后为 148 项），主要的专利申请人包括中南大学、工信华鑫科技有限公司、常州大学、南京信息工程大学、南京大学、东华大学、北京化工大学等，专利申请人中大部分为高校，表明该领域的技术可能尚未成熟和实现产业化。具体的专利申请状况如表5-22所示。

表5-22 吸附法领域申请专利状况

序号	名称	申请号	申请日	申请人	法律状态
1	一种新型磁性吸附剂快速去除铜离子的方法	CN200810037809.6	2008-05-21	东华大学	权利终止
2	一种活性炭载氧化铜催化剂及其制备方法	CN200610089575.0	2006-07-04	北京交通大学	授权
3	一种活性炭负载氧化亚铜光催化剂及其制备方法	CN201210024283.4	2012-02-05	淮北师范大学、淮北恒信环保材料有限责任公司、王广健、徐敬东、郭亚杰	权利终止
4	一种用改性磷石膏处理铜冶炼废水的方法	CN201010284216.7	2010-09-17	昆明理工大学	权利终止
5	利用互花米草基生物炭治理含铜废水的方法	CN201210079428.0	2012-03-23	上海大学	撤回
6	一种离子交换法从铜氨废水中提取铜的工艺	CN201010184959.7	2010-05-27	江都市海洋化工有限公司	权利终止
7	一种处理糖精置换反应所产生的含铜含酸废液的方法	CN200710150213.2	2007-11-19	天津市顺益兴科技发展有限公司	撤回
8	利用柿单宁金属吸附剂吸附和回收重金属铅和铜的方法	CN201110030817.X	2011-01-28	华中农业大学	授权
9	硫酸铜回收方法及硫酸铜回收装置	CN201110235652.X	2011-08-10	奥加诺株式会社	授权
10	一种快速去除废水中金属铜离子的方法	CN200810034457.9	2008-03-11	东华大学	权利终止

从表5-22可知，在吸附法领域存在较多的失效专利，这些失效专利可以成为广西相关企业借鉴和使用的对象。

4. 离子交换法

离子交换法适用于处理含铜浓度在50~200mg/L的废水。当浓度过高时，废水的pH值势必较低。若用弱酸性阳离子交换树脂，则很难吸附铜离子；若用强酸性阳离子交换树脂，则交换容量较小，再生时要用较多的酸。用阳树脂处理含铜量较低的废水时，铁离子也会被树脂吸附，洗脱后难以分离。

该领域的专利申请共有49项（合并同族后为31项），主要涉及离子交换树脂柱、交换吸附、弱碱性阴离子交换树脂、碱性阴离子交换树脂、离子交换树脂、大孔强碱性阴离子交换树脂、离子交换纤维、酞菁绿废水等方面的技术。主要的专利申请人包括中南大学、南京信息工程大学、上海轻工业研究所有限公司、云南铜业股份有限公司、南京四方表面技术有限公司、南京大学、尚越光电科技有限公司、昆明理工大学等。具体的专利申请状况如表5-23所示。

表5-23 离子交换法领域申请专利状况

序号	名称	申请号	申请日	申请人	法律状态
1	一种离子交换法从铜氨废水中提取铜的工艺	CN201010184959.7	2010-05-27	江都市海洋化工有限公司	权利终止
2	从含氰废水中回收铜以及相应的废水处置方法	CN200610169698.5	2006-12-27	清华大学	撤回
3	利用弱酸离子交换纤维处理含镍/含铜电镀废水的方法	CN201310560417.9	2013-11-12	郑州大学	授权
4	一种碱式氯化铜生产废水的处理方法	CN201310052764.0	2013-02-18	东江环保股份有限公司	撤回
5	一种含铜、钒废水综合回收方法	CN200710035939.1	2007-10-19	中南大学、遵义钛业股份有限公司	权利终止

续表

序号	名称	申请号	申请日	申请人	法律状态
6	一种铜业冶炼废水的高回收率装置	CN201520843027.7	2015-10-28	三达膜环境技术股份有限公司、三达膜科技（厦门）有限公司	授权
7	一种通过重金属吸附材料实现铜和钾分离、富集、提纯的方法	CN201310440585.4	2013-09-25	工信华鑫科技有限公司	公开
8	去除铜电解液中锑铋杂质的综合处理方法	CN201310472852.6	2013-10-11	金川集团股份有限公司、南京四方表面技术有限公司	授权
9	一种处理并回收含铜废水的离子交换树脂	CN201310638661.2	2013-12-02	青岛浩泰水务有限公司	公开
10	处理铜冶金流程中含氯酸性废水的离子交换膜电解方法	CN201210130248.0	2012-04-28	云南铜业股份有限公司、昆明理工大学	授权

从表5-23可知，云南铜业股份有限公司与昆明理工大学、中南大学和遵义钛业股份有限公司的产学研合作取得了不错的成果，广西相关企业也应该加强与区内高校的研发合作。

5.3 主要专利申请人状况分析

铜冶炼领域主要专利申请人状况如表5-24所示。

表5-24 铜冶炼领域主要专利申请人状况

单位：件

序号	专利申请人	专利申请数量
1	中南大学	169
2	昆明理工大学	138
3	金川集团（股份）有限公司	134

续表

序号	专利申请人	专利申请数量
4	紫金矿业集团股份有限公司	58
5	中国恩菲工程技术有限公司	55
6	北京有色金属研究总院	55
7	阳谷祥光铜业有限公司	49
8	东北大学	45
9	白银有色集团股份有限公司	42
10	中国瑞林工程技术有限公司	41

国内铜冶炼领域专利申请的基本态势与铝冶炼领域相比，存在较大差异。由于缺少像中国铝业股份有限公司（及其下属的贵阳铝镁设计研究院、沈阳铝镁设计研究院）那样的行业龙头老大，目前国内铜冶炼领域中中南大学、昆明理工大学等高校的专利申请量名列前茅。在铜冶炼领域，国内优势企业的领先优势并不明显，这种形势比较有利于暂时落后的企业进行赶超。广西的有关企业一方面可以加强与中南大学、昆明理工大学等高校的产学研合作，另一方面可以对先进的专利技术进行研究和借鉴，加强自身的研发创新能力，争取后来居上。主要专利申请人的情况具体如下。

5.3.1 中南大学

中南大学坐落在中国历史文化名城长沙市，是中央直管、教育部直属的副部级大学。冶金与环境学院是中南大学中传统学科与新兴学科交相辉映且久负盛名的重要二级学院。其前身"有色金属冶金系"设立于1952年，由武汉大学、湖南大学等五所院校的冶金类系、科合并进入中南矿冶学院后组建而成，办学历史可追溯至1906年，其人才培养质量和科技成果驰誉神州，在国际上亦有重要影响。目前，在中南大学冶金与环境学院工作的中国工程院院士有4人，均为学院博士生导师，其中铜冶炼领域的专家为张文海院士、邱定蕃院士。

1. 张文海院士

张文海院士，男，生于1939年2月，福建福州人，1963年毕业于中南大学冶金专业，中国工程院院士，国家工程设计大师，中南大学兼职教授，博士生导师。

张文海院士还担任中国瑞林工程技术有限公司高级技术顾问、副总工程师，国家有色金属短流程节能冶金战略联盟专家技术委员会主任委员，国家铜冶炼及加工工程技术研究中心工程技术委员会主任委员，中科院过程研究所湿法冶金清洁生产技术国家工程实验室技术委员会委员，同济大学污染控制与资源化研究国家重点实验室学术委员会委员。张文海院士长期从事有色冶金工程设计和科学研究，为确立我国先进的强化冶金技术格局，实现清洁生产做出了重要贡献。

近年来，张文海院士正在指导国家重大产业技术开发专项"闪速连续炼铜技术"，相关专利为"飘浮熔炼和浸没吹炼一体化的连续炼铜法及其装置"（申请号为CN200710009624.X）。该专利由中国瑞林工程技术有限公司于2007年9月申请，张文海院士是独立发明人，并于2010年5月许可给莱州方泰金业化工有限公司，产生了技术溢出效应。其他相关专利还包括"飘浮熔炼和浸没吹炼一体化的连续炼铜装置"（申请号为CN200720008408.9）、"铜、镍硫化物精矿闪速熔炼冶金工艺"（申请号为CN01138379.8）、"炉窑、具有其的闪速熔炼炉、炼铁高炉和冶炼系统"（申请号为CN201110194272.6），张文海院士是这些专利的独立发明人或首席发明人。张文海院士参与研发技术申请专利状况如表5-25所示。

表5-25 张文海院士参与研发技术申请专利状况

序号	名称	申请号	申请日	申请人	法律状态	发明人
1	飘浮熔炼和浸没吹炼一体化的连续炼铜法及其装置	CN200710009624.X	2007-09-29	中国瑞林工程技术有限公司	授权	张文海

续表

序号	名称	申请号	申请日	申请人	法律状态	发明人
2	冷却水套的制造方法和用于高温炉窑的冷却水套	CN201010587547.8	2010-12-15	中国瑞林工程技术有限公司、中国有色矿业集团有限公司、华南理工大学	授权	李元元、张文海、罗宗强、张卫文、詹小青、王志刚
3	一种铁的闪速冶金方法	CN201210179226.3	2012-06-01	中国瑞林工程技术有限公司	授权	张文海、詹小青、刘庆华、王志刚、王红军、韦雯
4	用于炉窑的冷却方法	CN201110194276.4	2011-07-08	中国瑞林工程技术有限公司	授权	张文海、詹小青、徐平、刘庆华、黄文华、王志刚、韦雯
5	一种炉窑	CN201120244849.5	2011-07-08	中国瑞林工程技术有限公司	授权	张文海、詹小青、徐平、刘庆华、黄文华、王志刚、韦雯
6	用于高温熔炼设备的冷却水套和具有其的高温熔炼设备	CN200920157446.X	2009-05-31	中国瑞林工程技术有限公司	授权	张文海、卢百平、李元元
7	飘浮熔炼和浸没吹炼一体化的连续炼铜装置	CN200720008408.9	2007-09-29	南昌有色冶金设计研究院	权利终止	张文海

续表

序号	名称	申请号	申请日	申请人	法律状态	发明人
8	铜、镍硫化物精矿闪速熔炼冶金工艺	CN01138379.8	2001-12-29	南昌有色冶金设计研究院	权利终止	张文海、王临江、姚素平
9	冷却水套及其制造方法和具有其的高温熔炼设备	CN200910143853.X	2009-05-31	中国瑞林工程技术有限公司	撤回	张文海、卢百平、李元元
10	一种铁的闪速冶金装置	CN201220257249.7	2012-06-01	中国瑞林工程技术有限公司	授权	张文海、詹小青、刘庆华、王志刚、王红军、韦雯
11	炉窑、具有其的闪速熔炼炉、炼铁高炉和冶炼系统	CN201110194272.6	2011-07-08	中国瑞林工程技术有限公司	驳回	张文海、詹小青、徐平、刘庆华、黄文华、王志刚、韦雯
12	耐火材料及其制备方法	CN201110194257.1	2011-07-08	中国瑞林工程技术有限公司	驳回	张文海、詹小青、徐平、刘庆华、黄文华、王志刚、韦雯
13	闪速炉沉淀池双层水平铜水套冷却装置	CN02228797.3	2002-03-23	南昌有色冶金设计研究院、金隆铜业有限公司	权利终止	王临江、周松林、张文海、周俊

从表5-25可知，张文海院士是绝大部分专利的独立发明人或首席发明人，表明张文海院士的技术创新能力很强。

2. 邱定蕃院士

邱定蕃院士，男，江西省广昌县人，1941年出生于中国香港，中南大学兼职教授，博士生导师。1962年毕业于南昌大学，分配至北京矿冶研究总院工作，1985年任北京矿冶研究总院副院长，1990年以高级访问学者身份赴加拿大Queen's大学深造，1998年任北京矿冶研究总院党委书记兼副院长，1999年当选中国工程院院士。现为北京矿冶研究总院教授级高级工程师、博士生导师，并担任中国工程院化工、冶金与材料工程学部副主任，中国有色金属学会副理事长。

邱定蕃院士及其团队在20世纪80年代初成功研发出沸腾焙烧-萃取分离镍、钴、铜技术，并在国内首次实现了工业化应用；主持研发出加压浸出分离与提取铜镍钴的方法，该成果获得国家科技进步奖一等奖（1995）；与合作者研发出矿浆电解新技术，该成果获得国家技术发明奖二等奖（1998）和国家科技进步奖二等奖（2002）。邱定蕃院士是我国较早呼吁"资源循环利用"并从事学术和工程研究的学者之一，在有色金属资源循环方面具有深厚造诣。2004年获光华工程奖；2006年获何梁何利基金科学与技术进步奖。

邱定蕃院士参与研发技术申请专利状况如表5-26所示。

表5-26　邱定蕃院士参与研发技术申请专利状况

序号	名称	申请号	申请日	申请人	法律状态	发明人
1	一种直接焙烧处理废旧锂离子电池及回收有价金属的方法	CN200910130828.8	2009-04-16	北京矿冶研究总院	权利终止	李敦钫、王成彦、邱定蕃、尹飞、陈永强、杨卜、王军、揭晓武、王忠、郜伟、阮书峰、杨永强
2	失效锂离子电池中有价金属的回收方法	CN200710107837.6	2007-05-18	北京矿冶研究总院	权利终止	邱定蕃、王成彦、袁文辉、江培海

续表

序号	名称	申请号	申请日	申请人	法律状态	发明人
3	废旧锂离子电池选择性脱铜的方法	CN200810115349.4	2008-06-20	北京矿冶研究总院	权利终止	王成彦、邱定蕃、李敦钫、王忠、尹飞、陈永强、王军、杨卜、揭晓武、郜伟、阮书峰、袁文辉、杨永强、王念卫
4	一种从大洋多金属结核中浸出有价金属的方法	CN200310117212.X	2003-12-08	北京矿冶研究总院	权利终止	王成彦、江培海、邱定蕃、张寅生、王含渊、尹飞、陈永强、王忠
5	直接用铜精矿制备超细铜粉的方法及其所用的超声膜电解装置	CN200710019878.X	2007-02-01	江苏技术师范学院	撤回	刘维平、邱定蕃、于月光

从表5-26可知，在铜冶炼领域，邱定蕃院士参与研发技术的有关专利均处于失效状态，广西相关企业可以加以借鉴和使用。

3. 中南大学其他方面

该校主要专利的分布情况为：铜阳极泥方面共有专利69件（如申请号为CN200910042830.X、CN200910304611.4、CN201510556294.0等的专利）；扩散渗析法方面共有专利62件（如申请号为CN200910307874.0、CN201110300912.7、CN201410667262.3等的专利）；反射炉熔炼等方面共有专利28件（如申请号为CN201010526619.8、CN201410520261.6等的专利）。

该校的产学研合作开展得非常不错，曾与济源市欣欣实业有限公司、长沙赛恩斯环保科技有限公司、遵义钛业股份有限公司、大冶有色金属有限公司、新疆有色金属工业（集团）有限责任公司、大唐华银电力股份有限公司、广西红润化工科技有限公司等企业共同申请过专利，具体情况如表 5-27 所示。

表 5-27 中南大学产学研合作申请专利状况

序号	名称	申请号	申请日	申请人	法律状态
1	从铅冰铜中回收铜的方法	CN201410519503.X	2014-09-30	济源市欣欣实业有限公司、中南大学	授权
2	利用铜精炼炉渣-黄铁矿-斑铜矿尾矿混合熔炼产出白冰铜的方法	CN201410520296.X	2014-09-30	济源市欣欣实业有限公司、中南大学	授权
3	多源复杂低品位铜矿混合熔炼产出白冰铜的方法	CN201410520261.6	2014-09-30	济源市欣欣实业有限公司、中南大学	授权
4	一种从高砷铜冶炼烟灰中综合回收有价元素的方法	CN201210062957.X	2012-03-12	中南大学、济源市欣欣实业有限公司	授权
5	铜阳极泥处理产生的高酸废液中铜、铋、砷分离的方法	CN201510992984.0	2015-12-28	长沙赛恩斯环保科技有限公司、中南大学	实质审查
6	铜冶炼过程铋富集与回收的方法	CN201510995483.8	2015-12-28	长沙赛恩斯环保科技有限公司、中南大学	实质审查
7	一种铜阳极泥处理过程产生的高酸废液中有价金属回收的方法	CN201510995426.X	2015-12-28	中南大学、长沙赛恩斯环保科技有限公司	实质审查
8	一种高效分离回收铜电解液中铜砷的方法	CN201510996348.5	2015-12-28	中南大学、长沙赛恩斯环保科技有限公司	实质审查
9	一种铜冶炼污酸中铜砷分离富集的方法	CN201510992882.9	2015-12-28	中南大学、长沙赛恩斯环保科技有限公司	实质审查
10	一种铜电解液净化回收有价金属的方法	CN201510999788.6	2015-12-28	中南大学、长沙赛恩斯环保科技有限公司	实质审查

续表

序号	名称	申请号	申请日	申请人	法律状态
11	一种防止高浓度硫酸浸出镍冶炼脱铜渣结块的方法	CN201410127984.X	2014-04-01	中南大学、新疆有色金属工业（集团）有限责任公司	授权
12	一种含铜、钒废水综合回收方法	CN200710035939.1	2007-10-19	中南大学、遵义钛业股份有限公司	权利终止
13	一种含铜、钒废水的处理方法	CN200710077748.1	2007-04-27	遵义钛业股份有限公司、中南大学	权利终止
14	一种石煤提钒酸浸液中铜、硒、铀综合回收方法	CN201210237306.X	2012-07-10	中南大学、大唐华银电力股份有限公司	权利终止
15	亚砷酸铜的制备及应用	CN200610031980.7	2006-07-19	中南大学、大冶有色金属有限公司	授权
16	PCB酸性氯型铜蚀刻液废水制备高纯阴极铜的方法	CN200910043383.X	2009-05-13	中南大学、广东梅县侨韵废水处理厂	权利终止
17	一种同时处理铜冶炼炉底高铁合金料及废工业盐酸，并综合回收铁、铜及其他贵金属的工艺	CN201610901129.9	2016-10-17	中南大学、广西红润化工科技有限公司	实质审查
18	一种嗜酸微生物复合菌剂及其制备方法和在处理废覆铜板浮选残渣中的应用	CN201510551755.5	2015-09-01	中南大学、原环境保护部华南环境科学研究所	实质审查
19	基于电化学法从废旧电路板中回收铜制备高纯超细铜粉的工艺	CN201510595496.6	2015-09-18	中南大学、宁波恒创环保科技有限公司	实质审查
20	一种废旧电磁线铜精炼剂及其制备方法和应用	CN201610858624.6	2016-09-28	中南大学、宁波金田铜业（集团）股份有限公司	实质审查

续表

序号	名称	申请号	申请日	申请人	法律状态
21	一种铜冶炼熔融渣矿相重构综合回收铜、铁的工艺	CN201710152268.0	2017-03-15	中南大学、铜陵有色金属集团股份有限公司	实质审查
22	一种从铜冶炼烟灰中回收金属铜与锌的方法	CN201110143587.8	2011-05-31	江西南城鑫业环保处置有限公司、中南大学	撤回
23	一种Cu(II)-Me(II)-Cl溶液体系中选择性沉淀Cu获取大颗粒富铜渣的方法	CN201610381157.2	2016-06-01	金川集团股份有限公司、中南大学	实质审查

表 5-27 中的专利申请未出现被驳回的情形，表明相关技术可能比较先进。另外，授权专利中出现了较多的失效专利，广西相关企业对这些失效专利可以无偿和无风险地借鉴和使用。

从转让情况来看，中南大学很少对外转让专利，即便转让，也是以中南大学与买家共同拥有的形式进行，具体情况如表 5-28 所示。

表 5-28 中南大学专利转让状况

序号	名称	申请号	申请日	申请人	受让人
1	从铜镉渣中回收铜、镉的方法及从富镉硫酸锌溶液中回收镉的装置	CN201310533532.7	2013-10-31	中南大学	德兴市益丰再生有色金属有限责任公司、中南大学
2	一种对PCB铜蚀刻废液进行萃取操作的方法	CN200910307874.0	2009-09-28	中南大学	广东梅县侨韵废水处理厂、中南大学
3	一种从酸性$CuCl_2$蚀刻液中分离回收铜的方法	CN201510423280.1	2015-07-17	中南大学	深圳市新锐思环保科技有限公司、中南大学

5.3.2 昆明理工大学

昆明理工大学创建于1954年，当时名为昆明工学院，1995年更名为昆明理工大学。1999年，原昆明理工大学与原云南工业大学合并，组建新的昆明理工大学。经过多年的发展，该校已发展成为一所以工为主，理工结合，行业特色、区域特色鲜明，多学科协调发展的综合性大学，是云南省规模最大、办学层次和类别齐全的重点大学，在中国有色金属行业和区域经济社会发展中发挥着重要作用。

2009年，学校进行了学科调整，以原材料与冶金工程学院的冶金工程专业与原电力工程学院的热能与动力工程专业为基础，组建了新的冶金与能源工程学院。目前，冶金与能源工程学院下设冶金工程系、能源与动力工程系、新能源科学与工程系和实验教学中心。该院有色金属冶金是国家重点学科，冶金工程是云南省重点学科，冶金物理化学是省院省校共建重点学科，动力工程及工程热物理是云南省立项建设支持的博士学位授权建设学科。

该校建立的与冶金、冶炼专业相关的各级实验室或研究中心包括：冶金及化工行业废气资源化国家地方联合工程研究中心、真空冶金国家工程实验室、省部共建复杂有色金属资源清洁利用国家重点实验室、固体废弃物资源化国家工程研究中心、中国有色金属行业微波冶金工程技术研究中心、冶金节能减排教育部工程研究中心、云南省有色金属真空冶金重点实验室、昆明市有色矿冶及深加工高端装备制造工程技术研究中心、昆明市稀贵及有色金属先进材料重点实验室、加压湿法冶金及材料制备重点实验室等。

1. 戴永年院士

戴永年院士，祖籍通海，1929年生于昆明。1951年从云南大学矿冶系毕业后留校任教，1956年从中南矿冶学院冶金系研究生班毕业后在昆明理工大学任教。现为中国工程院院士，昆明理工大学教授、博士研究生导师，真空冶金及材料研究所所长，云南省有色金属真空冶金重点实验室学术委员会主任，真空冶金国家工程实验室主任，"有色金属冶金"国家级重点学科和云南省真空冶金重点学科带头人。

戴永年院士长期从事有色金属真空冶金的教学、科研和工程研究。发展了金属真空气化分离理论，形成了有色金属真空冶金理论体系；为首研制成功粗铅火法精炼新技术，简化了精炼过程；发明了内热式多级连续蒸馏真空炉，在国内外推广应用；改革了锡、铅、锌冶金部分传统生产技术，经济效益显著；研制成功卧式真空炉及相关工艺技术，宝钢、鞍钢、韶关冶炼厂、金沙公司等均建立了大型有色金属真空冶金车间。戴永年院士参与研发技术申请专利状况如表 5-29 所示。

表 5-29 戴永年院士参与研发技术申请专利状况

序号	名称	申请号	申请日	申请人	法律状态	发明人
1	一种分离炼铅产铜浮渣中铜和银的方法	CN201110343390.9	2011-11-03	昆明理工大学	权利终止	熊恒、杨斌、戴卫平、徐宝强、刘大春、邓勇、戴永年、龙萍、曲涛、蒋文龙
2	一种从电炉炼锌炉底渣回收铁和富集铜锢渣的方法	CN201110311249.0	2011-10-14	昆明理工大学、昆明鼎邦科技有限公司	驳回	蒋文龙、戴卫平、杨斌、速斌、刘大春、徐宝强、李一夫、曹劲松、李冬生、戴永年、邓勇、熊恒、王飞
3	一种从铜阳极泥浮选尾矿中回收有价金属的方法	CN201510893020.0	2015-12-08	昆明理工大学	实质审查	蒋文龙、杨斌、杨崇方、刘大春、徐宝强、熊恒、李一夫、刘繁松、戴永年

续表

序号	名称	申请号	申请日	申请人	法律状态	发明人
4	一种从含硫多金属冶炼渣中真空蒸馏脱硫富集铜银锑的方法	CN201510572688.5	2015-09-10	昆明理工大学、昆明鼎邦科技有限公司	实质审查	蒋文龙、刘大春、戴卫平、杨斌、杨崇方、徐宝强、熊恒、李一夫、速斌、戴永年、王宇栋
5	一种铜浮渣真空蒸馏分离铜与铅的方法	CN201210142392.6	2012-05-10	昆明理工大学	驳回	陈为亮、王成旭、宋宁、王迎爽、张殿彬、戴永年、邓勇、刘永成

戴永年院士比较擅长锡、铅、锌等金属的研究，相关技术具有较高的借鉴价值。

2. 昆明理工大学其他方面

该校铜冶炼领域主要专利分布状况及与相关企业产学研合作情况如表5-30所示。

表5-30 昆明理工大学专利分布状况及产学研合作情况

申请人	电解沉积法	氧化铜矿冶炼	白冰铜冶炼	铜渣处理	电解槽部件
昆明理工大学	37	60	19	15	19
云南铜业股份有限公司	5	2	0	3	2
云南铜业科技发展股份有限公司	0	0	5	2	0
云南铜业（集团）有限公司	0	0	5	0	0
广东清远云铜有色金属有限公司	0	0	5	0	0
昆明理工精诚科技有限责任公司	0	0	0	3	0

续表

申请人	电解沉积法	氧化铜矿冶炼	白冰铜冶炼	铜渣处理	电解槽部件
云南凯多科技有限公司	1	0	0	0	1
云南迪庆矿业开发有限责任公司	2	0	0	0	0
云南锡业股份有限公司	0	2	0	0	0
云南驰宏锌锗股份有限公司	0	0	2	0	0

表 5-30 中列举的云南铜业股份有限公司、云南铜业科技发展股份有限公司等企业都与昆明理工大学联合申请了相关专利。通过铜冶炼领域的产学研合作，昆明理工大学对云南当地铜业企业给予了很大的技术帮助，这是广西相关高校应该加强学习的地方。

从专利分布情况来看，昆明理工大学最擅长的是氧化铜矿冶炼技术，但云南当地企业在该技术领域与该校的合作并不太多，广西企业可以考虑与该校加强相关技术的交流和合作。

冰铜是铜与硫的化合物，有白冰铜（Cu_2S 含铜 80% 左右）、高冰铜（含铜 60% 左右）、低冰铜（含铜 40% 以下）之分。在造渣阶段，除 Cu_2S 外，原冰铜中的金属铜和氧化亚铜也转化成了 Cu_2S，因而造渣阶段产生的铜锍几乎全部为纯 Cu_2S，称为白冰铜。根据云南当地铜矿分布特点和产业技术发展状况，昆明理工大学因地制宜地大力发展白冰铜冶炼以及铜渣处理技术，这一做法值得广西相关高校加以借鉴和学习。

在专利转让方面，昆明理工大学只转让了 3 项专利，明显落后于中南大学，具体的专利转让状况如表 5-31 所示。

表 5-31 昆明理工大学专利转让状况

序号	名称	申请号	申请日	申请人	受让人	法律状态
1	氧化铜矿两段氨浸-分流萃取的方法	CN201210204856.1	2012-06-20	昆明理工大学	昆明理工大学科技产业经营管理有限公司	授权

续表

序号	名称	申请号	申请日	申请人	受让人	法律状态
2	搅拌氨浸与渗滤池氨浸联用处理氧化铜或氧化锌矿石的方法	CN201210204869.9	2012-06-20	昆明理工大学	昆明理工大学科技产业经营管理有限公司	授权
3	一种铜污泥转化为人造矿石的无害化处理方法	CN201310236811.7	2013-06-17	昆明理工大学	昆明理工大学、楚雄滇中有色金属有限责任公司、云南铜业股份有限公司	授权

除昆明理工大学与本校科技产业经营管理有限公司的关联交易外,昆明理工大学只对外部分转让了一项专利的所有权。该校的专利许可情况与之类似,目前该校只有一项名为"一种铜吹炼渣还原贫化的方法和设备"的专利(申请号为CN201110288211.6)进行了对外许可。

可能正是为了改善昆明理工大学的专利运营局面,该校专门成立了昆明理工大学科技产业经营管理有限公司来进行本校科技成果的商业化流转。经检索发现,2016年12月和2017年1月,昆明理工大学分两次将其拥有的54件专利(合并同族后为34项)转让给了昆明理工大学科技产业经营管理有限公司。高校成立专业机构进行专利运营和交易的模式值得推荐,广西高校可加以借鉴。

5.3.3 金川集团(股份)有限公司

金川集团(股份)有限公司是以矿业和金属加工为主业,采、选、冶、化、深加工联合配套,相关产业共同发展,工贸并举,产融结合的跨国集团。主要生产镍、铜、钴、稀贵金属及化工产品,以及有色金属精深加工产品、有色金属新材料,同时大力发展机械制造、工程建设、信息与自动化、仓储物流、技术服务等业务。

该公司拥有世界第三大硫化铜镍矿床,拥有世界首座富氧顶吹镍熔炼炉、世界首座铜合成熔炼炉、亚洲第一座镍闪速熔炼炉等国际领先的装备。现有主流程生产单位及服务、保障单位20多家,拥有境内外全资及控股子公司40多家,参股公司20多家,境内外代表处10多个。"金川国际(02362)"在中国香港主板市场上市。"金川科技(837205)"在新三板上市。公司拥有主产品15大类110多种,涉及镍系列、铜系列、钴系列、贵金属系列、化工产品系列、高纯金属系列、镍基合金系列、电线电缆系列、机械产品系列、二次电池及粉体材料、羰化冶金产品等。

作为中国最大的镍钴生产基地和第三大铜生产企业,金川集团(股份)有限公司居2016年中国企业500强第63位、中国制造业企业500强第19位、中国100大跨国公司第42位。

根据金川集团(股份)有限公司官网介绍,该公司的镍铜硫化物生物冶金提取技术是具有世界先进水平的核心技术。目前只检索到一项对应的专利申请,名称为"一种硫化镍矿生物堆浸溶液的处理方法"(申请号为CN201010560632.5)。该技术提供了一种从硫化镍矿,特别是高镁高铁硫化镍矿物堆浸溶液中回收有价金属的方法。其过程是在生物堆浸液中加入石灰进行浆化及通入空气,进行氧化反应,使生物堆浸液中的Fe^{2+}氧化为Fe^{3+},并水解生成$Fe(OH)_3$,再通入离子交换柱进行镍、钴、铜有价金属吸附回收。该方法实现了常温沉铁,能耗低;处理后堆浸液中的有价金属离子可降至3ppm以下;有价金属离子回收率高,镍、钴金属离子的回收率均在99%以上。

该公司声称高镍精矿自热熔炼－电解铜技术是具有国内领先水平的核心技术。目前只检索到一项对应的专利申请,名称为"一种从复杂镍铜精矿中高效提取镍、钴、铜及铂族金属的方法"(申请号为CN201210366724.9)。该技术提供了一种从复杂镍铜精矿中高效提取镍、钴、铜及铂族金属的方法,包括以下工艺步骤:①选矿。通过选矿将镍铜原矿分选为Ni含量在6.00%~8.60%、MgO含量低于6.80%的高品质精矿与Ni含量低于6.00%、MgO含量在6.80%~13.00%的低品质精矿。②干燥后入炉反应。将上述高品质精矿干燥并散化,与石英粉、粉煤混合后放入闪速炉进行熔炼;将上述低品质精矿干燥并散化，与石英、块煤混合后放入富氧顶吹炉进行熔炼。③转炉吹炼。④缓冷分离。⑤金属物后续提取。通过该方法的应用，解决了复杂难处理的镍铜原矿的冶炼难题，提高了镍、钴及铂族金属的回收率，增强了对镍铜原料的处理能力。

该公司声称铜钴矿提取冶金技术也具有国内领先水平的核心技术。目前只检索到一项对应的专利申请，名称为"一种铜钴矿浸出液的两段低温除铁方法"（申请号为CN201611073385.X）。该技术采用两段中和水解法除铁，控制一段低温除铁终点pH值为2.5~3.0，二段低温除铁终点pH值为3.5~4.5。一段洗涤后铁渣形成开路，一段铁渣中有价金属夹带量低，小于0.1%，提高了有价金属回收率；二段除后液中铁含量小于0.01g/L，除铁深度较高，溶液净化除铁效果好。同时在较低温度下就能够深度除铁，能耗低，从而降低生产成本，实现良好的经济效益。

硫化镍铜选冶工艺技术创新及工程化应用研究是金川公司新一轮科技联合攻关六大项目之一。具体的专利申请状况如表5-32所示。

表5-32 金川公司硫化镍铜选冶工艺技术申请专利状况

序号	名称	申请号	申请日	申请人	法律状态
1	一种从硫化铜镍矿中富集贵金属的方法	CN200610156301.9	2006-12-29	金川集团有限公司	撤回
2	一种低品位铜镍硫化矿高效分选新工艺	CN201110029839.4	2011-01-27	东北大学、金川集团有限公司	驳回
3	一种硫化镍铜矿的二段加酸浮选工艺	CN201611073100.2	2016-11-29	金川集团股份有限公司	实质审查
4	一种硫化铜镍矿冶炼过程中的富集金和铂族金属的方法	CN201310137508.1	2013-04-19	金川集团股份有限公司	撤回
5	一种提高铜镍矿伴生贵金属回收率的方法	CN201210385943.1	2012-10-12	金川集团股份有限公司	驳回
6	一种降低硫化镍精矿中氧化镁的方法	CN201210526480.6	2012-12-10	金川集团股份有限公司	撤回

综上所述，金川集团（股份）有限公司尽管在铜冶炼领域提交了不少专利申请，但在其最为擅长的几个技术方面，该公司的专利申请数量不足，而且这些专利申请大都被视为撤回或被驳回，表明该公司的相关技术可能存在一定不足。

5.3.4 紫金矿业集团股份有限公司

紫金矿业集团股份有限公司（以下简称紫金矿业）是一家以金、铜、锌等金属矿产资源勘查和开发为主的大型矿业集团，居 2017 年《福布斯》全球 2000 强企业第 1200 位及其中的全球有色金属企业第 18 位、全球黄金企业第 3 位，居 2016 年《财富》中国企业 500 强第 78 位。

该公司是中国控制金属矿产资源最多的企业之一，截至 2016 年底，公司拥有的权益资源储量为：黄金 1347.41 吨、铜 3006.38 万吨、锌铅 950.42 万吨等。金、铜、锌三大矿产品产量均居中国矿业行业前三名，利润水平连续多年保持行业领先。2016 年实现营业收入 788.51 亿元，归母净利润 18.40 亿元。截至 2016 年 12 月底，公司总资产 892.18 亿元，净资产 311.17 亿元，累计分红 178 亿元。公司拥有中国黄金行业唯一的国家重点实验室，以及国家级企业技术中心、院士专家工作站等一批高层次的科研平台，拥有一批适用性强、产业化水平高、经济效益显著的自主知识产权和科研成果。公司还与福州大学共同创办紫金矿业学院。

近年来，紫金矿业与国内外知名高校、科研院所联合开展科研项目 40 多项，如"低品位铜矿绿色循环生物提铜关键技术与产业化应用""低品位含铜金矿资源高效利用关键技术研究与应用""紫金山金铜矿含铜酸性废水综合利用研究、集成与应用""低品位含铜金矿堆浸 - 炭吸附生产工艺关键技术研发及产业化"等，取得了巨大的经济、社会和环境效益，获得了一批省部级科学技术奖励。

在"低品位铜矿绿色循环生物提铜关键技术与产业化应用"方面，该公司的专利申请状况如表 5-33 所示。

表 5-33　低品位铜矿绿色循环生物提铜技术申请专利状况

序号	名称	申请号	申请日	申请人	法律状态
1	应用含菌的铜矿酸性矿坑水从硫化铜矿中浸出铜的工艺	CN02145971.1	2002-10-28	北京有色金属研究总院、福建紫金矿业股份有限公司	授权
2	一种从混合类型铜矿中提取铜的方法	CN02151601.4	2002-12-18	福建紫金矿业股份有限公司	授权
4	一种低品位铜矿石生物浸出工艺	CN201410768305.7	2014-12-12	厦门紫金矿冶技术有限公司	授权

从表 5-33 可知，相关专利的申请主体还包括厦门紫金矿冶技术有限公司等关联公司，并且表中所有专利都处于授权状态，表明相关专利技术比较先进，该公司的专利管理工作也比较到位。

在"低品位含铜金矿资源高效利用关键技术研究与应用"方面，该公司的专利申请状况如表 5-34 所示。

表 5-34　低品位含铜金矿资源高效利用技术申请专利状况

序号	名称	申请号	申请日	申请人	法律状态
1	一种复杂硫化铜金精矿的浸出方法	CN200610042353.3	2006-01-25	紫金矿业集团股份有限公司	授权
2	处理难选含铜硫化金矿石选冶联合工艺	CN201010614409.4	2010-12-23	紫金矿业集团股份有限公司	授权
3	难处理金精矿与铜冶炼渣联合生物堆浸综合回收金和铜的工艺	CN201310008981.X	2013-01-10	紫金矿业集团股份有限公司	授权
4	一种低品位含铜金矿堆浸－炭吸附生产的方法	CN201310094576.4	2013-03-22	紫金矿业集团股份有限公司	授权
5	含铜低品位金矿资源综合利用工艺	CN201410085135.2	2014-03-10	紫金矿业集团股份有限公司	授权
6	从低品位含铜难处理金矿氨氰浸出矿浆中电积提金的工艺	CN201310096189.4	2013-03-22	紫金矿业集团股份有限公司	授权

续表

序号	名称	申请号	申请日	申请人	法律状态
7	一种复杂多金属硫化银金矿综合回收的选矿方法	CN201410238226.5	2014-05-30	紫金矿业集团股份有限公司	实质审查

从表5-34可知，相关技术的专利授权率极高，说明相关技术比较先进，而且该领域的技术研发也保持着较好的持续性和成果输出，表明该公司在该领域的创新能力较强。

在"紫金山金铜矿含铜酸性废水综合利用研究、集成与应用"方面，对应一项名为"含铜金矿石氰化废水处理方法"的专利（申请号为CN201510765952.7），该专利由紫金矿业集团股份有限公司于2015年11月申请。该专利涉及一种含铜金矿石氰化废水处理方法，具体工序步骤与条件如下（见图5-2）：pH值调节，先将氰化废水的pH值调至8.0~11.5；因科除氰，向已调好pH值的氰化废水添加亚硫酸钠并混合均匀，将空气与氰化混合液进行气液混合，用DO或ORP监测仪监测其值；固液分离，对达到设定值的废水采用混凝沉淀法进行固液分离，分离出以氢氧化铜为主的沉渣产品和上清液；氧化强化，向上清液添加氧化剂并进行超声波强化及诱发产生氧化；催化氧化，对超声波强化后的溶液进行活性炭物理化学反应，得到净水和载金炭。该方法具有实现技术优势互补与统一、反应更易于控制、抗水力冲击负荷能力强、无须维持水体pH值、操作简单、动力消耗小、氧化剂用量和药剂费用低、净化水质好、有价金属回收率高等优点，适用于含铜金矿石氰化废水的处理。

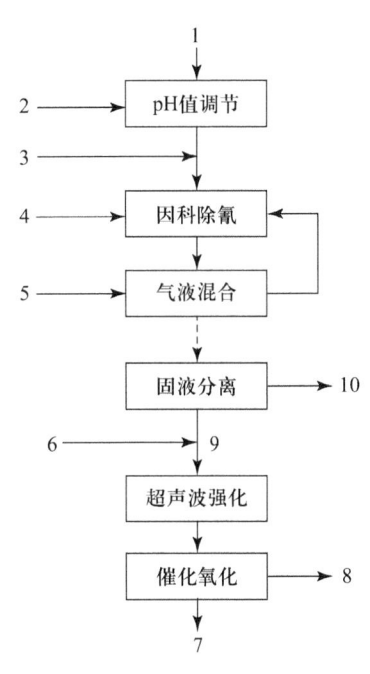

图5-2 CN201510765952.7号专利附图

在"低品位含铜金矿堆浸 – 炭吸附生产工艺关键技术研发及产业化"方面，该公司的专利申请状况如表 5-35 所示。

表 5-35 低品位含铜金矿堆浸 – 炭吸附技术申请专利状况

序号	名称	申请号	申请日	申请人	法律状态
1	含铜金矿的选择性堆浸提金工艺	CN201010146718.3	2010-04-09	紫金矿业集团股份有限公司	授权
2	难处理金精矿与铜冶炼渣联合生物堆浸综合回收金和铜的工艺	CN201310008981.X	2013-01-10	紫金矿业集团股份有限公司	授权
3	用含金铜污泥生产高纯金及硫酸铜的方法	CN201310322028.2	2013-07-29	紫金矿业集团股份有限公司	授权
4	一种低品位含铜金矿堆浸 – 炭吸附生产的方法	CN201310094576.4	2013-03-22	紫金矿业集团股份有限公司	授权
5	含铜低品位金矿资源综合利用工艺	CN201410085135.2	2014-03-10	紫金矿业集团股份有限公司	授权

从表 5-35 可知，紫金矿业的相关技术全部获得专利授权并保持有效，表明该公司的相关技术较为先进。

综上所述，紫金矿业围绕其重点项目均进行了比较周密的专利布局和保护，涉及的专利技术比较先进，专利授权率和有效率极高，专利管理工作到位。紫金矿业申请的很多专利都涉及绿色循环生产、废渣废液处理和环境综合治理等内容，确实可以体现出该公司在湿法冶金、低品位难处理矿产资源综合回收利用、大规模工程化开发以及能耗指标等方面居行业领先地位。

5.3.5 中国恩菲工程技术有限公司

中国有色工程有限公司暨中国恩菲工程技术有限公司（以下简称中国恩菲），前身是中国有色工程设计研究总院，即原北京有色冶金设计研究总院，成立于 1953 年。中国恩菲现隶属于世界 500 强企业——中国冶金科工集团有限公司。

中国恩菲全面承继中国有色工程设计研究总院的优势技术资源，工程经验丰富，技术实力雄厚。主营业务包括国内外矿山工程、有色冶金工程、环境及市政公用工程等方面的工程总承包，工程设计，工程咨询，造价咨询，项目管理，工程监理，工程招投标，设备研制，设备采购及成套、系统集成等工程建设服务，以及与工程相配套的技术、设备和劳务进出口。工程一体化业务包括矿山工程、有色冶金工程等工程项目建设上下游相关延伸业务等。

该公司拥有氧气底吹熔炼、压力浸出提取冶炼等一系列专长技术，获得国家和省部级科技进步、优秀设计等诸多奖项，并将铜、铅、锌、钴、镍冶炼技术成功推广到国外，在国内外工程设计和建设领域享有盛誉。

1. 氧气底吹熔炼方面

随着我国对环保的要求越来越严格，近几年来，我国新建铜冶炼厂引进了闪速连续吹炼、氧气顶吹连续吹炼新技术，代替传统的 PS 转炉吹炼。除了闪速连续吹炼、氧气顶吹连续吹炼外，世界上还有三菱连续炼铜、诺兰达连续吹炼、特尼恩特连续吹炼等技术。中国恩菲工程技术有限公司的冶金工作者自主研发了氧气底吹熔炼炼铜技术，该技术在东营方圆铜业有限公司首次实现了工业化应用。近年来，中国恩菲的冶金工作者不断钻研和探索，通过技术创新，研发了双底吹连续炼铜新工艺。中国恩菲联合生产企业对氧气底吹连续吹炼工艺进行了半工业试验和工业试验，同时吸收国外连续吹炼的成功经验，于2012年开始设计第一座氧气底吹连续吹炼的铜冶炼厂。

中国恩菲于2009年向科技部申报"氧气底吹连续炼铜清洁生产工艺关键技术及装备研究"项目，获准并被列入国家863计划。为此，团队与中南大学、北京科技大学、东北大学等高校，就氧枪结构、氧枪布局、吹炼渣型、反应机理、炉渣贫化等课题，开展了大量扎实的研究工作。在此基础上，恩菲团队于2012年在豫光金铅完成了铜锍底吹连续吹炼冷态半工业试验，在山东东营方圆完成铜锍底吹热态连续吹炼工业试验，顺利完成国家863计划项目,为后续技术的产业化应用打下了坚实基础。2014年,世界首条氧气底吹连续炼铜工业化示范生产线全线拉通,产出首批合格阳极板。

氧气底吹连续炼铜工业化示范生产线采用氧气底吹熔炼-铜锍底吹连续吹炼工艺。氧气底吹熔炼产出的高品位铜锍热态流入氧气底吹连续吹炼炉,富氧空气从炉底的氧枪鼓入,使铜锍中的铁氧化造渣,炉内熔体形成粗铜层、白铜锍层和渣层,打眼放粗铜,溢流放渣,吹炼的送风过程实现连续化,吹炼烟气实现连续化。终于,中国恩菲2006年在专利申报中提出的技术设想得以实现。更加重要的是,在氧气底吹炼铜技术持续升级的过程中,我国已成为世界范围内炼铜和炼铅工艺技术最全、设计能力最强、运营效益最高、环保效果最佳的国家,真正实现了从追赶到引领的重大跨越。

中国恩菲在该领域的专利申请共有26项(合并同族后为19项)。具体的专利申请状况如表5-36所示。

表5-36 氧气底吹炼铜技术申请专利状况

序号	名称	申请号	申请日	申请人	法律状态
1	富氧底吹炼铜炉和富氧底吹炼铜工艺	CN201110158848.3	2011-06-13	中国恩菲工程技术有限公司	授权
2	铜熔炼渣电热贫化炉	CN200910088880.1	2009-07-21	中国恩菲工程技术有限公司	授权
3	铜锍底吹吹炼工艺和铜锍底吹吹炼炉	CN201210568627.8	2012-12-24	中国恩菲工程技术有限公司	授权
4	一种采用氧气底吹炉连续炼铜的工艺及其装置	CN200610113798.6	2006-10-19	中国恩菲工程技术有限公司	授权
5	铜锍底吹吹炼工艺和铜锍底吹吹炼炉	CN201210568261.4	2012-12-24	中国恩菲工程技术有限公司	授权
6	铜熔炼渣电热贫化炉炉体	CN200920109874.5	2009-07-21	中国恩菲工程技术有限公司	授权
7	铜熔炼渣电热贫化工艺	CN200910088879.9	2009-07-21	中国恩菲工程技术有限公司	授权

续表

序号	名称	申请号	申请日	申请人	法律状态
8	铜锍底吹吹炼装置	CN201220721858.3	2012-12-24	中国恩菲工程技术有限公司	授权
9	处理废杂铜底吹或侧吹冶金炉	CN201320534018.0	2013-08-29	中国恩菲工程技术有限公司	授权
10	氧气底吹连续炼铜装置	CN200810132780.X	2006-10-19	中国恩菲工程技术有限公司	撤回
11	一种采用氧气底吹连续炼铜的工艺	CN200810132782.9	2006-10-19	中国恩菲工程技术有限公司	撤回
12	底吹吹炼炉连续炼铜的吹炼工艺	CN200810132784.8	2006-10-19	中国恩菲工程技术有限公司	撤回
13	铜锍底吹吹炼工艺和铜锍底吹吹炼装置	CN201210567087.1	2012-12-24	中国恩菲工程技术有限公司	撤回
14	富氧底吹炼铜炉	CN201120198018.9	2011-06-13	中国恩菲工程技术有限公司	权利终止
15	处理氰化尾渣的方法	CN201611121854.0	2016-12-08	中国恩菲工程技术有限公司	实质审查
16	铜熔炼渣电热贫化炉炉体	CN200910088881.6	2009-07-21	中国恩菲工程技术有限公司	驳回
17	铜熔炼渣电热贫化炉	CN200920109873.0	2009-07-21	中国恩菲工程技术有限公司	放弃
18	一种用于底吹连续炼铜的底吹吹炼炉	CN200810132781.4	2006-10-19	中国恩菲工程技术有限公司	撤回
19	处理废杂铜底吹或侧吹冶金炉	CN201310385283.1	2013-08-29	中国恩菲工程技术有限公司	撤回

从表5-36可知，中国恩菲在氧气底吹熔炼领域的创新能力比较强。其中，第1项名为"富氧底吹炼铜炉和富氧底吹炼铜工艺"的专利部分转让给了水口山有色金属有限责任公司和东营方圆有色金属有限公司。中国恩菲与水口山公司的合作关系可以追溯到1990年，它们在国内最早进行将氧气底吹技术应用于铜冶炼领域的探索，当时利用水口山氧气底吹炼铅试验装置进行炼铜试验，以铜精矿搭配处理水口山康家湾高砷含金黄铁矿，称

之为"造锍捕金"。试验连续进行217天,进展非常顺利,并于1991年正式完成,取得了理想结果。1993年,"水口山炼铜法"获部级科技进步奖一等奖。

中国恩菲虽然在氧气底吹熔炼领域拥有较多专利,但是也有较多失效专利,表明中国恩菲在该领域的专利管理工作可能有待进一步完善,当然这也给广西相关企业提供了借鉴的对象。失效专利中要注意第17项名为"铜熔炼渣电热贫化炉"的实用新型专利,该专利涉及的技术方案同时申请了发明专利和实用新型专利,但为避免重复授权而放弃了实用新型专利的专利权,与其对应的发明专利(申请号为CN200910088880.1)至今仍然有效。

2. 压力浸出提取冶炼方面

压力浸出提取冶炼是在加温加压条件下用酸或碱溶液从铜矿石中浸出铜的一种方法。目前的湿法冶炼工艺多采用硫酸浸出方法,能够浸出矿石中所含有的多种金属元素。如果不能对这些金属元素进行回收的话,将是极大的浪费,而且浸出液中的某些成分还可能对人体造成伤害。例如,对含铜矿石进行浸出时,会产生大量含有硫酸铜的溶液。传统的处理方法是将含有硫酸铜的溶液进行加热蒸发,得到硫酸铜晶体。但这种处理方法的缺点是成本高,效率低,需要消耗大量的能源,并且所得到的硫酸铜晶体的纯度低。在常规条件下,对于难浸铜矿石,根据温度对反应速度、反应平衡的影响,增加浸出压力,以提高反应温度。这种方法可以加快反应速度,提高浸出率,节约试剂。当矿石中含有足够量的硫化物时,在加大氧分压的条件下,可将其转化成硫酸和硫酸亚铜。加压碱浸可分为碳酸钠加压浸出和碳酸铵加压浸出两种。碳酸钠加压浸出铜比常压浸出铜的浸出率高,浸出时间短,而且氨和二氧化碳可回收利用。中国恩菲在该领域的专利申请状况如表5-37所示。

表5-37 压力浸出提取冶炼技术申请专利状况

序号	名称	申请号	申请日	申请人	法律状态
1	从矿石中综合回收镍、铜、钴、硫和镁的工艺	CN200710111409.0	2007-06-18	中国恩菲工程技术有限公司	授权

续表

序号	名称	申请号	申请日	申请人	法律状态
2	从高镁镍精矿中综合回收镍、铜、钴、硫和镁的工艺	CN200710111410.3	2007-06-18	中国恩菲工程技术有限公司	授权
3	铜镍粗粒合金和铜镍细粒合金的联合浸出工艺	CN200810119625.4	2008-09-04	中国恩菲工程技术有限公司	授权
4	有价金属的回收系统	CN201621077650.7	2016-09-23	中国恩菲工程技术有限公司	授权
5	湿法冶金的方法	CN201710024286.0	2017-01-13	中国恩菲工程技术有限公司	公开
6	有价金属的回收系统	CN201610849581.5	2016-09-23	中国恩菲工程技术有限公司	实质审查
7	从铜钴镍硫化物中提取有价金属的方法	CN201610849662.5	2016-09-23	中国恩菲工程技术有限公司	实质审查
8	含铜矿石的浸出方法	CN200810238845.9	2008-12-02	中国恩菲工程技术有限公司	驳回
9	铜镍细粒合金的浸出工艺	CN200810119925.2	2008-09-10	中国恩菲工程技术有限公司	撤回

表5-37中第1项名为"从矿石中综合回收镍、铜、钴、硫和镁的工艺"的专利于2011年11月许可给了广西银亿科技矿冶有限公司，表明中国恩菲与广西的相关企业保持着良好的合作关系，广西其他铜冶炼企业可以优先考虑向中国恩菲购买相关专利的使用许可权。

5.3.6 北京有色金属研究总院

北京有色金属研究总院（以下简称有研总院）创建于1952年11月，是我国有色金属行业规模最大的综合性研究开发机构，现为国务院国资委管理的中央企业，也是国家首批百家创新型企业。有研总院在半导体材料、有色金属复合材料、稀土材料、生物冶金、材料制备加工、分析测试等领域拥有多个国家级研究中心和实验室，目前承担了一批国家重大科技专项研究课题和国家战略性新兴产业开发项目。

有研总院是我国工艺矿物学、矿物加工、生物（湿法）冶金、二次资源利用、矿山环保等工程化技术研究开发的重点科研单位。长期致力于矿物学与先进矿物加工技术，生物冶金技术，低品位、难选冶有色金属矿物处理与冶金技术，高海拔地区复杂矿物处理，稀有/稀土金属冶金，循环经济与环境工程等领域的研究，同时开发了以钛、锆、铪为主的从矿石到高纯金属产品的全流程新技术，主要包括锆英石连续碱熔技术、清洁高效锆铪分离技术、四氯化钛精制技术、低成本钛合金粉制备技术、熔盐电解精炼技术、碘化提纯技术、区熔提纯技术、二次资源及废弃物综合利用技术等。有研总院现设有生物冶金国家工程实验室，为国内多家大型有色金属资源综合利用基地提供关键技术，有力地促进了我国有色金属矿产资源加工产业的技术进步和升级，支持了我国重有色金属工业体系的技术进步。

1. 生物（湿法）冶炼技术

有研总院通过不断强化浸矿微生物培育驯化技术、各种浸出过程工程技术、复杂浸出液分离提取技术，开展低品位、难选冶、复杂共伴生有色金属资源开发利用的研究。有研总院在福建紫金矿业集团建成了国内首座万吨级生物提铜矿山，在海拔4500米的西藏玉龙铜矿建成我国海拔最高的湿法冶金提铜矿山。此外，还在江西德兴铜矿、四川会东铜矿、广东石箓铜矿、云南墨江镍钴矿、吉林白山钴镍铜矿等矿山开展相关技术的工业应用。有研总院牵头成立了我国生物冶金产业技术创新战略联盟，与行业骨干企业合作建立了多个联合实验室和产业化应用基地，为我国有色金属资源高效开发和节能减排发挥了积极作用。

从表5-38可知，有研总院在生物冶炼技术方面的研发能力较强，相关技术的专利授权率较高。如上文所述，该院的相关技术在国内多个矿山得到了工业化应用，但表中列举的专利却没有进行过转让或许可，这表明有研总院可能需要加强这方面的工作。

表 5-38　生物（湿法）冶炼技术申请专利状况

序号	名称	申请号	申请日	申请人	法律状态
1	次生硫化铜矿生物浸出过程黄铁矿选择性抑制工艺	CN200610144129.5	2006-11-28	北京有色金属研究总院	授权
2	浸矿菌及其用于原生硫化铜矿高温生物堆浸工艺	CN200710177281.8	2007-11-13	北京有色金属研究总院	授权
3	中等嗜热菌及低品位原生硫化铜矿的化学与生物联合堆浸工艺	CN200610078976.6	2006-04-29	北京有色金属研究总院	授权
4	一种嗜热嗜酸菌及低品位原生硫化铜矿微生物分段浸出工艺	CN201010235152.1	2010-07-21	北京有色金属研究总院	授权
5	低温浸矿菌及其用于硫化铜矿的低温生物堆浸工艺	CN200710179060.4	2007-12-10	北京有色金属研究总院	授权
6	铜矿石的联合堆浸工艺	CN03137338.0	2003-06-18	北京有色金属研究总院	授权
7	一种原生硫化铜矿高温生物堆浸方法	CN201110439243.1	2011-12-23	北京有色金属研究总院	授权
8	消除铜生物浸出液萃取过程界面乳化的方法	CN200710179061.9	2007-12-10	北京有色金属研究总院	授权
9	一种控制硫化铜矿生物浸出液萃取过程中第三相形成的新工艺	CN200710177289.4	2007-11-13	北京有色金属研究总院	授权
10	高硫/铜比次生硫化铜矿选择性生物浸出工艺	CN201010163027.4	2010-05-05	北京有色金属研究总院	授权
11	应用含菌的铜矿酸性矿坑水从硫化铜矿中浸出铜的工艺	CN02145971.1	2002-10-28	北京有色金属研究总院、福建紫金矿业股份有限公司	授权
12	用于黄铜矿浸出的中温浸矿复合菌系	CN201110439632.4	2011-12-23	北京有色金属研究总院	授权

续表

序号	名称	申请号	申请日	申请人	法律状态
13	一种含镁的铜钴硫化矿生物综合回收铜钴镁的方法	CN201410841153.9	2014-12-30	北京有色金属研究总院	实质审查
14	高效硫氧化菌及用于高寒地区低硫铜矿浸出过程快速升温的工艺	CN201410815987.2	2014-12-24	北京有色金属研究总院	实质审查
15	一种用于黄铜矿浸出的中温浸矿复合菌系及浸矿工艺	CN201410842766.4	2014-12-30	北京有色金属研究总院	实质审查
16	应用离子选择电极控制硫化铜矿生物浸出液萃取过程中第三相形成的工艺	CN200810227796.9	2008-12-03	北京有色金属研究总院	撤回

2. 先进选矿技术

在先进选矿技术领域，有研总院致力于硫化矿电位调控浮选，复杂多金属硫化矿、氧化矿选矿新工艺，高效选矿新药剂，浮选新设备等方面的研究，具备进行复杂多金属矿、尾矿、废矿等电位调控浮选技术研究和中间实验验证试验以及其他矿物加工新技术开发的能力，成果处于国际先进水平。

有研总院在该领域的专利申请状况如表 5-39 所示。

表 5-39 先进选矿技术申请专利状况

序号	名称	申请号	申请日	申请人	法律状态
1	一种含砷铜锌多金属硫化矿的选矿工艺	CN200910237254.4	2009-11-06	北京有色金属研究总院	授权
2	高磁黄铁矿含量难处理铜矿石原生电位调控浮选工艺	CN200910241999.8	2009-12-18	北京有色金属研究总院	授权
3	一种处理硫化铜锌和氧化锌混合矿的选冶联合工艺	CN201210584771.0	2012-12-28	北京有色金属研究总院	授权

续表

序号	名称	申请号	申请日	申请人	法律状态
4	一种处理含易浮脉石铜硫矿的选矿工艺	CN201310726835.0	2013-12-25	北京有色金属研究总院	实质审查

从表 5-39 可知，有研总院在先进选矿技术领域的专利主要集中在硫化矿选矿和电位调控浮选工艺方面。

3. 资源综合利用技术

针对我国资源环境压力不断增大的现状，有研总院致力于冶炼烟尘、废渣资源化利用等方面的研究，具备进行冶炼烟尘、废渣、矿山废弃物等二次资源综合回收与利用新工艺新技术研发和中间实验验证试验的能力，技术装备、工程技术研发能力和科研成果处于国际先进水平。

有研总院在该领域的专利申请状况如表 5-40 所示。

表 5-40 资源综合利用技术申请专利状况

序号	名称	申请号	申请日	申请人	法律状态
1	废杂铜冶炼渣浸出过程中铜锌与铁分离的工艺	CN201210587187.0	2012-12-28	北京有色金属研究总院	授权
2	一种废杂铜冶炼渣中的铜锌选择性浸出工艺	CN201010607130.3	2010-12-15	北京有色金属研究总院	撤回
3	一种多循环选择性浸出铜冶炼废水污泥中铜锌镍的方法	CN201410841628.4	2014-12-30	北京有色金属研究总院	实质审查
4	一种复杂铜硫矿回收铜的选冶联合处理工艺	CN201510921061.6	2015-12-11	北京有色金属研究总院	公开
5	从废杂铜冶炼渣与铜加工酸洗废液中回收有价金属的工艺	CN201310751541.3	2013-12-31	北京有色金属研究总院	撤回
6	高泥高硅高铝氧化铜矿浸出渣矿浆快速沉降分离的方法	CN201210587217.8	2012-12-28	北京有色金属研究总院	撤回
7	一种分离废杂铜冶炼渣中金属态有价金属的方法	CN201210590170.0	2012-12-28	北京有色金属研究总院	撤回

从表 5-40 可知，有研总院在该领域的技术有较多没有获得专利授权，其可以成为广西相关企业重点借鉴的对象。

5.3.7 阳谷祥光铜业有限公司

阳谷祥光铜业有限公司坐落在山东省阳谷县石佛镇南，是世界上一次建成的规模最大的铜冶炼厂，是继美国肯尼柯特公司之后的世界上第二座采用闪速熔炼和闪速吹炼——"双闪速炉"工艺的铜冶炼厂，是当今世界上技术最先进、环保、节能、高效的现代化铜冶炼厂。

1. 专利金奖

2014年由聊城市推荐申报的阳谷祥光铜业有限公司的发明专利"一种脉动旋流法铜冶炼工艺及装置"获得第十六届中国专利奖金奖，该专利的申请号为CN200910230500.3，申请日为2009年11月26日，发明人为周松林、刘卫东，授权时间为2010年10月。这是自1989年中国专利奖设立以来，铜冶炼领域获得的唯一金奖。中国专利奖是我国唯一的专门对授予专利权的发明创造给予奖励的政府部门奖，是在专利领域由我国政府颁发的最高奖项，得到了联合国世界知识产权组织（WIPO）的认可，在国际上具有一定的影响。

"一种脉动旋流法铜冶炼工艺及装置"是铜火法冶炼的核心技术，具体技术过程是：干燥的铜精矿粉或冰铜粉与富氧空气混合后以高速旋转状态进入反应器，形成以轴线为中心的高旋流体，高旋流中心引入脉动氧气和脉动燃烧，使高旋流体内产生脉动紊流，促进粒子间相互碰撞，反应器内形成高温场、高氧场、高粒子场的脉动旋流反应区，完成铜精矿造冰铜、造渣反应或冰铜造粗铜、造渣反应。反应后熔融物沉降于反应器下的熔池，进行冰铜和渣分离或粗铜和渣分离。二氧化硫烟气送入制酸工序如图5-3所示。该技术的优点如下：一是反应效率高，氧利用率高，烟尘发生率低；二是产能大，能耗低，反应的空间小，反应的热能集中，炉体耐火材料的损耗小，不需要巨大的冶金炉膛，投资成本低；三是环保效果好，工艺操作简单方便、安全可靠。

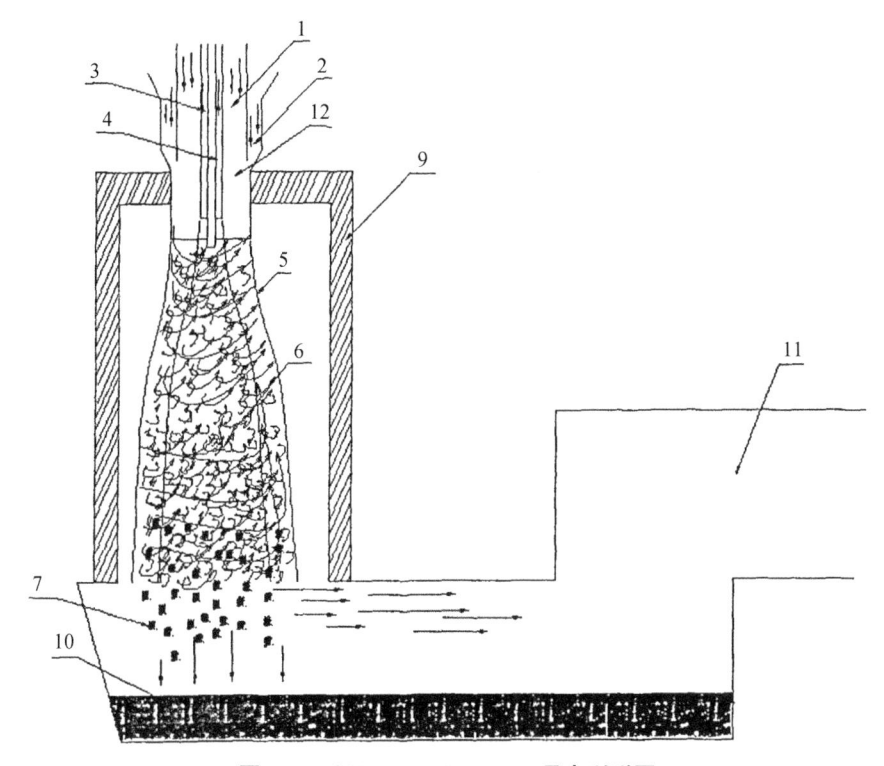

图 5-3 CN200910230500.3 号专利附图

该技术在 2009 年 5 月正式应用于阳谷祥光铜业有限公司，多年来的生产实践表明，该技术投资成本低、工艺先进、生产高效、节能环保。它的应用实现了超强化、高产能、低能耗、环保好的现代化铜冶炼目标，使阳谷祥光铜业有限公司铜冶炼年产能超过 50 万吨，一举成为目前世界上技术最先进、单系统产能最大、环保最好、能耗指标最佳的生态铜冶炼企业。该技术打破了国外铜冶炼核心技术和关键设备长达 60 年的垄断，不仅节约了大量外汇，而且使中国由技术引进国变为技术输出国，提升了中国在世界铜冶炼行业的影响力和核心竞争力。

2. 双闪速炉工艺

双闪速炉工艺是指闪速熔炼和闪速吹炼工艺，阳谷祥光铜业有限公司相关技术申请专利状况如表 5-41 所示。

表 5-41　双闪速炉工艺申请专利状况

序号	名称	申请号	申请日	申请人	法律状态
1	一种闪速炉喷嘴流化给料装置	CN200920217920.3	2009-10-10	阳谷祥光铜业有限公司	授权
2	一种基于数学模型指导的粗铜吹炼工艺	CN200810238370.3	2008-12-15	阳谷祥光铜业有限公司	授权
3	一种闪速冶金炉炉体耐火材料的保护装置	CN200920217921.8	2009-10-10	阳谷祥光铜业有限公司	授权
4	闪速吹炼炉渣中铜物相的测定方法	CN201510194264.X	2015-04-22	阳谷祥光铜业有限公司	实质审查
5	一种铜闪速熔炼烟尘中铼含量的测定方法	CN201310109865.7	2013-03-29	阳谷祥光铜业有限公司	授权
6	一种高硫粗铜的阳极精炼方法	CN200810158173.0	2008-10-30	阳谷祥光铜业有限公司	驳回
7	一种闪速炉新型喷嘴	CN200920282329.6	2009-11-26	阳谷祥光铜业有限公司	全部无效
8	一种闪速熔炼炉铜渣中铜物相的检测方法	CN201610901701.1	2016-10-17	阳谷祥光铜业有限公司	实质审查
9	一种闪速吹炼炉渣中铜、铁和钙的检测方法	CN201511002840.2	2015-12-24	阳谷祥光铜业有限公司	实质审查
10	一种对闪速炉烟尘的盐化处理工艺及装置	CN200910177821.1	2009-09-25	阳谷祥光铜业有限公司	驳回

表 5-41 中的专利只涉及闪速熔炼和闪速吹炼工艺之中的一项，没有出现同时涉及闪速熔炼和闪速吹炼工艺的专利，现有专利具体涉及闪速炉部件结构、精炼工艺、检测方法和废物处理等方面。值得一提的是表中第 7 项名为"一种闪速炉新型喷嘴"的实用新型专利，该专利于 2010 年 8 月获得后，2012 年 12 月因被奥图泰有限公司提出无效请求而被终止全部权利，无效请求方奥图泰有限公司是一家从事矿物和金属加工业务的外资企业，总部设在德国，是从著名的奥托昆普集团分离出来的大公司。由此可见，阳谷祥光铜业有限公司申请的上述专利比较重要，竟然引起了重量级国外公司的重视并被提出了无效申请，同时也可以看出国外公司的专利竞争意

识和实操能力都非常强,这一点值得国内相关企业学习和警惕。

3. "三废"综合处理技术

阳谷祥光铜业有限公司立足于发展循环经济,创建资源节约型企业,以资源循环带动经济循环,特别是通过废水重复利用、废气回收制酸、废渣提取稀散金属,有效解决了"三废"问题,实现了经济效益、环境效益和社会效益的协调发展。该公司在该领域的专利申请状况如表5-42所示。

表5-42 "三废"综合处理技术申请专利状况

序号	名称	申请号	申请日	申请人	法律状态
1	一种从碲铜渣中提取碲的方法	CN201210266666.2	2012-07-30	阳谷祥光铜业有限公司	授权
2	铜冶炼熔融炉渣贫化的方法及用于铜冶炼熔融炉渣贫化的贫化装置	CN201310311055.X	2013-07-23	阳谷祥光铜业有限公司	授权
3	从铜阳极泥卡尔多炉熔炼渣中回收有价金属的方法	CN201210254566.8	2012-07-20	阳谷祥光铜业有限公司	授权
4	一种从铜冶炼废酸中回收铼的方法	CN201210099570.1	2012-04-06	阳谷祥光铜业有限公司	授权
5	铜冶炼热态炉渣提铁工艺与装置	CN200910230701.3	2009-11-26	阳谷祥光铜业有限公司	授权
6	一种从铜冶炼渣中回收铜、铁和硅的方法	CN201410681329.9	2014-11-24	阳谷祥光铜业有限公司	实质审查
7	一种从碲化铜渣中提取铜和碲的方法	CN201410698581.0	2014-11-26	阳谷祥光铜业有限公司	授权
8	热熔铜炉渣改性工艺及其装置	CN201510593776.3	2015-09-17	阳谷祥光铜业有限公司	授权
9	一种铜冶炼烟尘的处理工艺	CN201511023046.6	2015-12-29	阳谷祥光铜业有限公司	实质审查
10	一种铜熔炼渣的处理方法	CN201510554770.5	2015-09-02	阳谷祥光铜业有限公司	实质审查
11	一种铜冶炼烟尘洗涤废酸中铼的回收方法	CN201610493640.X	2016-06-28	阳谷祥光铜业有限公司	实质审查

续表

序号	名称	申请号	申请日	申请人	法律状态
12	一种炉渣处理工艺	CN201610974007.2	2016-11-02	阳谷祥光铜业有限公司	实质审查
13	一种铜冶炼过程中的烟灰处理工艺	CN201511023034.3	2015-12-29	阳谷祥光铜业有限公司	实质审查
14	一种闪速熔炼炉铜渣中铜物相的检测方法	CN201610901701.1	2016-10-17	阳谷祥光铜业有限公司	实质审查
15	一种闪速吹炼炉渣中铜、铁和钙的检测方法	CN201511002840.2	2015-12-24	阳谷祥光铜业有限公司	实质审查

从表5-42可知，阳谷祥光铜业有限公司在"三废"综合处理方面的研发实力很强，该领域应该是阳谷祥光铜业有限公司近年来重点发展的技术领域。表中列举的专利均为阳谷祥光铜业有限公司独自申请，并且全部是发明专利，表明该公司具有较强的技术创新实力。

4. 电解新工艺

阳谷祥光铜业有限公司采用了世界上先进的电解工艺，有效降低了铜冶炼过程中的能耗。该公司在该领域的专利申请状况如表5-43所示。

表5-43 电解新工艺申请专利状况

序号	名称	申请号	申请日	申请人	法律状态
1	一种从铜阳极泥中提取碲的工艺	CN200810238124.8	2008-12-08	阳谷祥光铜业有限公司	授权
2	一种铜电解系统及运行方法	CN201310315228.5	2013-07-24	阳谷祥光铜业有限公司	授权
3	铜电解供液系统	CN201420153479.8	2014-03-31	阳谷祥光铜业有限公司	授权
4	一种铜电解系统	CN201320445983.0	2013-07-24	阳谷祥光铜业有限公司	放弃
5	一种铜电解或铜电积的装置与运行方法	CN201510963409.8	2015-12-18	阳谷祥光铜业有限公司	实质审查

续表

序号	名称	申请号	申请日	申请人	法律状态
6	一种铜电解过程中电解液的处理方法和处理系统	CN201611238421.3	2016-12-28	阳谷祥光铜业有限公司	实质审查
7	铜精矿的冶炼方法和冶炼装置	CN201310480065.6	2013-10-14	阳谷祥光铜业有限公司	驳回

从表5-43可知，阳谷祥光铜业有限公司在铜电解领域的技术实力较强，专利技术涉及铜电解系统、运行方法和电解工艺等方面。

5.3.8 东北大学

东北大学是教育部直属的全国重点大学，是首批列于"211工程"和"985工程"重点建设的高水平研究型大学，也是国家"111计划"和"卓越计划"重点建设的名牌大学。东北大学是首批成立国家大学科技园的15所高校之一。东北大学材料与冶金学院成立于1996年10月，由原钢铁冶金系、有色金属冶金系、材料科学与工程系、热能工程系、金属压力加工系合并组建而成，是国内第一个集材料、冶金、热能工程、环境科学等现代工业与传统工业科学于一体的二级学院。

东北大学冶金学院成立于2015年12月15日，由原材料与冶金学院的钢铁冶金、有色金属冶金、冶金物理化学、热能与环境工程、工程热物理、资源与环境工程和工业生态学等研究所组建而成，其历史可追溯到1923年东北大学建校之初的采冶系。学院现有2个国家一级学科博士学位授权点，2个博士后流动站；冶金工程是首批国家一级重点学科。学院根据教育部"985工程"建设计划，依托冶金与材料学科建设了"现代冶金与材料过程工程科技创新平台"（国家Ⅰ类平台）；同时，冶金学科群拥有多个国家级、省部级重点实验室和工程中心等研究基地。

1. 铜阳极泥处理技术

东北大学在该领域的专利主要涉及铜阳极泥贵金属的预处理、微波和超声波的浸出或处理等技术。具体的专利申请状况如表 5-44 所示。

表 5-44　铜阳极泥处理技术申请专利状况

序号	名称	申请号	申请日	申请人	法律状态
1	一种高杂质铜阳极泥预处理富集贵金属的方法	CN201310494033.1	2013-10-21	东北大学	授权
2	一种采用微波处理从铜阳极泥中提取回收铜和硒的方法	CN201310405331.9	2013-09-09	东北大学	授权
3	一种微波直接照射强化处理铜阳极泥的方法	CN201410651803.3	2014-11-17	东北大学	授权
4	一种铜阳极泥分银渣湿法浸出铅的方法	CN201510341498.2	2015-06-19	东北大学	授权
5	一种微波辅助浸出铜阳极泥中硒和砷的方法	CN201510191684.2	2015-04-22	东北大学	授权
6	一种间歇式超声波–微波协同处理铜阳极泥的方法	CN201510192235.X	2015-04-22	东北大学	实质审查
7	一种铜阳极泥超声波预处理回收铜的方法	CN201310224321.5	2013-06-07	东北大学	撤回

从表 5-44 可知，东北大学在铜阳极泥处理领域的研发能力较强，相关技术的专利授权率较高。

2. 生物浸出技术

东北大学在生物浸出技术领域的专利申请状况如表 5-45 所示。

表 5-45　生物浸出技术申请专利状况

序号	名称	申请号	申请日	申请人	法律状态
1	复杂黄铜矿型浮选尾矿的细菌浸铜方法	CN200910011677.4	2009-05-22	东北大学	授权
2	一种添加非离子表面活性剂促进黄铜矿生物浸出的方法	CN201410201886.6	2014-05-14	东北大学	授权

续表

序号	名称	申请号	申请日	申请人	法律状态
3	一种低品位铜钴矿的生物选择性浸出方法	CN201310589669.4	2013-11-19	东北大学	授权

从表5-45可知，东北大学在该领域的研发主要集中在黄铜矿上。国内细菌浸铜技术绝大多数应用在次生硫化矿（辉铜矿等）上，在黄铜矿型的原生硫化铜矿上的应用很少，而黄铜矿型的含铜矿物很多一直没有得到有效的开发和利用，因此东北大学在该领域的创新成果具有较大价值，广西相关企业可以考虑与东北大学开展产学研合作。

3."三废"处理技术

东北大学在废气、废水和废渣处理方面的专利申请状况如表5-46所示。

表5-46 "三废"处理技术申请专利状况

序号	名称	申请号	申请日	申请人	法律状态
1	一种从含钴的铜转炉渣中回收铜和钴的方法	CN201010600413.5	2010-12-22	东北大学	授权
2	一种从冶炼铜渣中直接还原回收铜铁的方法	CN201210364451.4	2012-09-26	东北大学	授权
3	一种利用乳状液膜回收含氰废水中铜和氰化物的方法	CN201510042383.3	2015-01-27	东北大学	授权
4	一种回收铜渣余热并直接还原提铁的系统及方法	CN201610566154.6	2016-09-09	东北大学	实质审查
5	一种电沉积高浓度含铜含氰废液回收铜和氰化物的方法	CN201410233711.3	2014-05-30	东北大学	实质审查
6	一种溶剂萃取含铜氰化废液回收铜的方法	CN201510414954.1	2015-07-16	东北大学	实质审查

续表

序号	名称	申请号	申请日	申请人	法律状态
7	一种搅拌卷入煤粉还原铜渣的方法	CN201610144809.0	2016-03-15	东北大学	实质审查
8	用于提取氰废水中铜和氰化物的乳状液膜及其使用方法	CN201610033022.7	2016-01-19	东北大学	实质审查
9	一种铜冶炼渣的贫化处理方法	CN201610144794.8	2016-03-15	东北大学	实质审查
10	一种铜冶炼渣的贫化方法	CN201610144793.3	2016-03-15	东北大学	实质审查

从表5-46可知，东北大学在"三废"处理领域的研发能力还是比较强的，相关专利主要涉及在废渣、废液中回收铜、铁、钴和氰化物等物质，但是没有涉及废气处理和利用的专利。从专利授权情况可知，东北大学在相关领域的创新技术比较先进。

5.3.9 白银有色集团股份有限公司

白银有色集团股份有限公司（以下简称白银公司）是中国最早建设的大型铜硫生产企业，也是国家"一五"时期156个重点建设项目之一。1954年开始建设，1960年建成采选冶生产工艺流程，形成了年产3万吨电解铜、17万吨硫酸的生产规模。20世纪70年代末期，又相继建成铅锌采选冶生产系统。白银公司独创了"白银炼铜法"和"白银熔池富氧炼铜法"，为国家经济建设和地方经济发展做出了巨大的贡献，也为有色金属工业的发展输送了一大批优秀的管理人员和技术人才。

白银公司的产品由建厂初期的铜、硫扩展到了铜、铝、铅、锌、金、银、硫，冶炼规模达到了31万吨/年。通过对"两厂一矿"项目的不断完善，截至2003年底，白银公司形成了如下生产能力：年采选矿200万吨，年产铜铝铅锌四种有色金属产品40万吨、黄金3000千克、白银100吨、有色金属加工材5.65万吨、硫酸48万吨、选矿药剂7900吨、氟化盐产品4.2万吨。

1. 白银炼铜法

白银炼铜法的主体设备是白银炉，它是从反射炉发展而来的一种侧吹式固定床熔炼炉，可直接将硫化铜精矿等炉料投入熔池进行造锍熔炼。白银炼铜法的单室熔池熔炼炉约在熔池中部的隔墙将熔池分为熔炼区和澄清区两大部分。炉料从炉顶的加料孔连续加入熔炼区，从浸没在熔炼区熔池深处的风口鼓入空气，强烈地搅动熔体，落入焰池的炉料迅速被熔体熔化，并与气泡中的氧发生气液两相的氧化反应，放出大量的热，维持熔炼区的炉膛温度为1150~1200℃，熔体温度为1100℃。若热量不足，便由熔炼区顶部安装的辅助燃烧器喷入粉煤或重油供热。在熔炼区形成的铜锍和炉渣，通过隔墙下面的孔道流入炉子的澄清区。在澄清区的端墙上装有重油或粉煤燃烧器，燃料燃烧放出的热使此区的温度维持在1300~1350℃，使渣温升至1200~1250℃，铜锍温度升至1100~1150℃。经升温澄清后，分别从放渣口和虹吸口间断地放出炉渣与铜锍。

白银炉的主体结构由炉基、炉底、炉墙、炉顶、隔墙和内虹吸池及炉体钢结构等部分组成。炉顶设加料孔3~6个。炉墙设放铜锍口、放渣口、返渣口和事故放空口各1个，另设吹炼风口若干个。炉内设有一道隔墙，根据隔墙结构的不同，白银炉有单室和双室两种炉型。隔墙仅略高于熔池表面。炉子两区的空间相通的炉子为单室炉；隔墙将炉子两区的空间完全分隔开的炉子为双室炉。

白银炼铜法的技术装备及主要经济技术指标已达到国际先进水平，该方法曾获国家发明奖二等奖和国家科技进步奖一等奖。白银炼铜法领域申请专利状况如表5-47所示。

表5-47 白银炼铜法领域申请专利状况

序号	名称	申请号	申请日	申请人	法律状态
1	一种白银炼铜法熔炼炉	CN201120199462.2	2011-06-14	白银有色集团股份有限公司	授权

续表

序号	名称	申请号	申请日	申请人	法律状态
2	白银炼铜炉弹性钢骨架	CN201210329186.6	2012-09-07	白银有色集团股份有限公司、中国瑞林工程技术有限公司	授权
3	白银炼铜炉的余热回收利用方法及其装置	CN201210329257.2	2012-09-07	白银有色集团股份有限公司	授权
4	具有出口烟气流速可调装置的白银铜熔池熔炼炉	CN201210329213.X	2012-09-07	白银有色集团股份有限公司	授权
5	白银炼铜炉停炉后隔墙通道堵塞物清理装置	CN201320820974.5	2013-12-15	白银有色集团股份有限公司	授权
6	一种改进的适用于白银炼铜炉余热锅炉振打结构	CN201620886498.0	2016-08-16	白银有色集团股份有限公司	授权
7	一种白银炼铜炉余热锅炉的下灰装置	CN201620886499.5	2016-08-16	白银有色集团股份有限公司	授权
8	一种白银炉连续放铜装置	CN201620886215.2	2016-08-16	白银有色集团股份有限公司	授权
9	白银炼铜炉弹性钢骨架	CN201220454543.7	2012-09-07	白银有色集团股份有限公司	放弃
10	钻孔内小断层的堵漏方法	CN201110118426.3	2011-05-09	白银有色集团股份有限公司	驳回
11	降低白银炼铜炉余热锅炉水冷壁积灰、粘结的气封系统	CN201610672841.6	2016-08-16	白银有色集团股份有限公司	实质审查

续表

序号	名称	申请号	申请日	申请人	法律状态
12	一种白银熔池熔炼炉八字角砌筑方法	CN201610745910.1	2016-08-29	白银有色集团股份有限公司	实质审查
13	白银炼铜炉的余热回收利用装置	CN201220454521.0	2012-09-07	白银有色集团股份有限公司	放弃
14	一种提高白银熔池炼铜法中吹炼效率的方法	CN201210329241.1	2012-09-07	白银有色集团股份有限公司	驳回
15	延长白银铜熔池熔炼炉使用周期的方法	CN201210329283.5	2012-09-07	白银有色集团股份有限公司	驳回

从表 5-47 可知，白银公司的相关专利申请主要涉及对白银炉结构、部件和装置的改进，延长白银炉核心设备使用寿命，提升锤炼效率，优化余热回收利用等方面。从专利授权情况来看，白银公司提交的方法类专利申请的专利授权率较低，表明白银公司在该领域的创新主要集中在白银炉结构的改进上。

2. 白银熔池富氧炼铜法

白银熔池富氧炼铜法是对白银炼铜法的进一步改进，是针对铜精矿（或其他含铜重金属硫化精矿）的一种冰铜熔炼法，其特征在于：经过配料的含铜物料从熔炼区炉顶气封加料口连续加入熔池，熔炼补充热量由粉煤燃烧供给，粉煤燃烧的二次空气经换热器预热，富氧空气通过安装在熔炼区两侧墙的风口装置鼓入熔池，炉料被强烈搅动的熔体卷入扩散，迅速完成熔炼过程，产生冰铜和炉渣混合物，液态转炉渣可以直接返回熔炼区和混合物反应还原 Fe_3O_4，贫化脱铜后通过隔墙流入沉降区沉降分离，产出高品位冰铜和含铜低的弃渣，产生的含 SO_2 的烟气由直升烟道导出，烟气可以制酸。该领域具体的专利申请状况如表 5-48 所示。

表 5-48　白银熔池富氧炼铜法领域申请专利状况

序号	名称	申请号	申请日	申请人	法律状态
1	一种低品位铜精矿的自热熔炼方法	CN201210329211.0	2012-09-07	白银有色集团股份有限公司	授权
2	白银铜熔池熔炼炉专用的粉煤燃烧器	CN201210329227.1	2012-09-07	白银有色集团股份有限公司	授权
3	通过建立数值模型强化白银铜熔池熔炼炉自热效率的方法	CN201210329276.5	2012-09-07	白银有色集团股份有限公司	授权
4	一种白银铜熔池熔炼炉处理高铜低硫复杂难熔矿的方法	CN201410260072.X	2014-06-12	白银有色集团股份有限公司	授权

从表 5-48 可知，大部分专利的申请时间为 2012 年 9 月 7 日，表明白银公司可能于 2012 年在白银熔池富氧炼铜法方面取得了较大的技术突破。相关专利申请均获得授权，表明相关专利技术比较先进。白银公司的"新型白银铜熔池熔炼炉"技术项目于 2012 年获中国有色金属工业科学技术奖一等奖，于 2013 年获甘肃省科技进步奖一等奖。

3. 难选低品位铜钼矿的柱机联合分选技术

白银公司的"难选低品位铜钼矿的柱机联合分选技术开发与应用"项目获中国有色金属工业科学技术奖三等奖，相关专利申请的名称为"难选低品位铜钼矿的柱机联合分选分离方法"（申请号为 CN201210115529.9），该方法的发明人为翟东民、张锦林、汤作锟、胡保栓、江世强、曹亦俊、马子龙、郭海宁、孙运礼、占学登、赵福阳、李治科、赵革银等。

难选低品位铜钼矿的柱机联合分选分离方法的流程为：两次闭路磨矿→混合浮选，采用一次粗选、一次扫选、一次精选→混合精矿再磨→抑铜浮钼分离，采用一次粗选，一次扫选，以及精选Ⅰ、精选Ⅱ、精选Ⅲ三次精选。整个过程中，采用浮选柱和浮选机联合作业。该方法流程简单、成本较低，通过该方法可以获得较高的精矿产品，提高选矿回收率。

不过遗憾的是，上述专利申请公布后，于2014年9月被驳回，表明该方法的创造性或专利申请的撰写质量可能存在缺陷。这一情况对白银公司来说，可能意味着不小的损失，但给相关企业提供了一个借鉴和学习的机会。

4. 资源综合利用与环境保护技术

白银公司研发的"铜冶炼重金属高砷酸性废水处理技术"达到国际先进水平，2013年获中国有色金属工业科学技术奖一等奖。相关专利申请的名称为"碘溶液吸收法测定砷的方法"（申请号为CN201010103727.4），其发明人为余旦新、吴芳和曹爱霞，该方法于2011年10月获得专利授权。

该方法的技术过程为：在大于3.6N的H_2SO_4介质中，Zn与酸作用产生新生态活化氢，在KI和酸性$SnCl_2$存在的条件下，使As^{5+}还原成As^{3+}，三价砷与新生态的活化氢生成砷化氢气体，被碘溶液吸收，并氧化成五价砷，在0.25当量硫酸介质中，五价砷与钼酸铵生成黄色的砷钼杂多酸，用硫酸联胺将其还原成砷钼蓝进行比色测定。该发明方法用砷钼蓝比色法测定砷，更适合铜冶炼的原料及半成品冰铜、阳极铜中As的分析，且避免了有毒有害试剂的使用，减少了环境污染。

5.3.10 中国瑞林工程技术有限公司

中国瑞林工程技术有限公司（现为中国瑞林工程技术股份有限公司，以下简称中国瑞林）是对南昌有色冶金设计研究院进行改制，按照股权多元化现代企业制度由南昌有色冶金设计研究院管理技术骨干、中国有色金属建设股份有限公司、江西省国有资产监督管理委员会、中国中钢集团公司共同出资组建的国际化工程公司。

经过几十年的发展，中国瑞林先后完成了国内外各类工程项目近4000项，完成科研课题近400项，获得包括国家科技进步奖一等奖和国家优秀设计奖金奖在内的国家、省部级奖项530项，拥有专利和专有技术348项，主持编制了包括《铜冶炼厂建设标准》《钨矿山建设标准》在内的国家及行业标准规范72项，组建了冶金工程领域国家级工程技术中心1个、省级工程技术中心2个，在冶金、矿山、市政、环境保护、民用建筑等领域积累了比较丰富的设计经验和科研成果，形成了一批具有自主知识产权的优势技术和创新技术，尤其是铜冶炼、矿山和环境保护领域的闪速炼铜、铜电解、闪速炉计算机在线控制、圆盘定量浇铸、铜电解联动作业机组、烟气制酸、自磨选矿、湿法冶金、城市与工业污水处理、固体废物处理等技术处于国际先进水平和国内领先地位。

1. 圆盘定量浇铸技术

圆盘定量浇铸技术涉及浇铸阳极板的设备及工艺，中国瑞林声称在该领域的技术处于国际先进水平和国内领先地位。

相关专利申请的名称为"一种中心驱动的双模圆盘浇铸机及其浇铸方法"（申请号为CN201210409294.4）。该浇铸机包括溜槽、浇铸圆盘、定量浇铸系统、喷淋系统、废阳极吊、提起机和水槽系统、喷涂系统、控制室及液压系统。所述双模浇铸圆盘固定安装在混凝土基础上，定量浇铸系统分布在双模浇铸圆盘之间，沿圆盘旋转方向，定量浇铸系统后方的喷淋系统置于浇铸圆盘八块空模子上方，废阳极吊紧随喷淋系统置于浇铸圆盘外侧边，提起机和水槽系统紧随废阳极吊置于浇铸圆盘外侧边，喷涂系统紧随提起机和水槽系统置于浇铸圆盘外侧边。该中心驱动的双模圆盘浇铸机能够与回转式冶金炉和固定式阳极炉以及其他的熔化炉配套使用，使用范围广，自动化程度高，安全可靠，浇铸能力强。

该发明的专利申请人是广西有色再生金属有限公司与中国瑞林，而且前者是第一申请人，专利申请人的地址也是广西梧州某地，表明该发明可能是以广西企业为主研发的。

但令人遗憾的是，该发明的专利申请于2015年4月公布后被视为撤回，广西有色再生金属有限公司有可能遭受了较大的损失。

2. 闪速炉计算机在线控制技术

闪速炉计算机在线控制技术涉及铜闪速熔炼的方法以及系统，中国瑞林声称在该领域的技术处于国际先进水平和国内领先地位。

相关专利申请的名称为"铜闪速熔炼的方法以及系统"（申请号为

CN201010612555.3），该发明涉及一种冰铜生产技术，用以实现较现有技术更高的控制精度，有效提高闪速炉作业效率和生产的稳定性，稳定冰铜品位，使其标准差降低，并提高冶炼综合回收率。本发明的技术方案包括以下三个步骤。①前馈数据处理的步骤：根据目标参量的计划值，计算出入炉料量所需的工艺参量的初始值；②反馈数据处理的步骤：收集闪速炉的目标参量的实测值，将上述实测值与计划值进行计算处理，计算出工艺参量的补偿量；③工艺参量调整的步骤：将上述初始值与补偿量结合，对工艺参量进行修正计算，得到工艺参量的修正值，闪速炉的控制系统按照上述修正值实施入炉工艺参量。本发明主要用于铜提炼的中间产物冰铜的生产提纯。

该专利申请已于 2014 年 5 月被驳回，广西相关单位对涉及的技术可以无风险地借鉴和使用。

3. 铜电解技术

中国瑞林声称在该领域的技术处于国际先进水平和国内领先地位。具体的专利申请状况如表 5-49 所示。

表 5-49 铜电解技术申请专利状况

序号	名称	申请号	申请日	申请人	法律状态
1	一种铜电解残极处理设备	CN201020217606.8	2010-06-07	中国瑞林工程技术有限公司	授权
2	脱铜电解槽排气罩	CN201020191269.X	2010-05-14	中国瑞林工程技术有限公司	授权
3	一种铜电解液脱除 As、Sb、Bi 的复合工艺	CN201410257049.5	2014-06-11	中国瑞林工程技术有限公司	授权
4	一种铜电解残极处理方法及其设备	CN201010193533.8	2010-06-07	中国瑞林工程技术有限公司	撤回
5	铜电解低压蒸汽压差发电及供热方法	CN200910115341.2	2009-05-13	中国瑞林工程技术有限公司	撤回

从表 5-49 可知，中国瑞林在该领域的专利申请数量并不多，而且有些申请被视为撤回，表明该公司在该领域的技术可能还有待加强。

4. "三废"处理技术

在铜冶炼产生的废气、废水和废渣的处理和利用方面，中国瑞林的专利申请状况如表 5-50 所示。

表 5-50 "三废"处理技术申请专利状况

序号	名称	申请号	申请日	申请人	法律状态
1	一种采用氮气搅拌和富氧气体精炼废杂铜的工艺及其设备	CN200910168628.1	2009-08-24	中国瑞林工程技术有限公司	授权
2	铜冶炼炉渣的处理方法	CN201310067987.4	2013-03-04	中国瑞林工程技术有限公司	授权
3	一种固体铜料处理方法及其设备	CN201010193552.0	2010-06-07	中国瑞林工程技术有限公司	撤回

从表 5-50 可知，中国瑞林在该领域的专利申请数量并不多，而且有的申请被视为撤回，表明该公司在该领域的技术可能还有待加强。

5. 湿法冶炼技术

中国瑞林在该领域的专利申请状况如表 5-51 所示。

表 5-51 湿法冶炼技术申请专利状况

序号	名称	申请号	申请日	申请人	法律状态
1	湿法提铜工艺	CN201210122981.8	2012-04-24	中国瑞林工程技术有限公司	授权
2	电解用不锈钢阴极板	CN201020192986.4	2010-05-17	中国瑞林工程技术有限公司、江西瑞林装备技术有限公司	授权
3	电解用不锈钢阴极板	CN201010174158.2	2010-05-17	中国瑞林工程技术有限公司、江西瑞林装备技术有限公司	撤回

从表 5-51 可知，中国瑞林在该领域的专利申请数量并不多，其中第 2 项和第 3 项是同一发明创造，该公司为了避免重复授权而自行放弃了权利。

5.4 专利申请地域状况分析

铜冶炼领域专利申请地域状况如表 5-52 所示。

表 5-52 铜冶炼领域专利申请地域状况

单位：件

序号	申请人所在地	专利申请数量
1	江苏	457
2	北京	432
3	湖南	414
4	广东	371
5	云南	362
6	浙江	303
7	江西	286
8	山东	264
9	甘肃	250
10	安徽	178

从表 5-52 可知，国内铜冶炼领域专利申请数量前 10 位的地区基本都是经济发达或铜矿资源丰富的地区，另外当地的大型矿产企业、高校和科研院所也为专利申请做出了较大贡献。广西该领域的专利申请总量只有 74 件，在全国排名第 17 位，与发达地区和铜矿资源大省之间的差距明显。表 5-52 中各地区的专利申请状况如下。

5.4.1 江苏省专利申请状况

江苏是国内经济强省，拥有很多优秀的高校和科研院所。该省前 9 位的专利申请人之中有 7 个是江苏当地的高校或科研院所，分别是江苏省冶金设计院有限公司（专利申请量为 32 件，位列第一）、南京大学（专利申请量为 30 件，位列第二）、常州大学（专利申请量为 20 件，位列第三）、江苏理工学院、南京信息工程大学、江南大学、南京工业大学，这表明当地的高校和科研院所对当地铜冶炼技术的发展具有重要作用。相关专利申请主要涉及微生物浸出（36件）、再生循环利用（183件）、电解铜（74件）、铜渣处理（80件）等方面。

5.4.2 北京市专利申请状况

北京作为我国的首都，拥有各种丰富的资源和便利的条件，是众多大型央企、国企总部所在地和优秀高校、科研院所的聚集地。北京市主要的专利申请人包括中国恩菲工程技术有限公司（专利申请量为63件）、北京有色金属研究总院（专利申请量为56件）、北京矿冶研究总院（专利申请量为43件）、北京科技大学、清华大学、北京大学等。相关专利申请主要涉及火法工艺（156件）、湿法制备（143件）、废矿处理（102件）、资源回收利用（58件）和电解铜工艺（55件）等技术。

相关专利的转让方包括北京科技大学、北京有色金属研究总院、北京矿冶研究总院、北京中色鑫世纪技术有限公司、北京大学、北京工业大学等，其中北京大学和北京工业大学等高校可以将专利完全转让，这些高校可以成为广西相关企业重点合作或交易的对象。

值得一提的是，朱海涛和化德县泫龙新材料科技有限公司、龙济时代（北京）新能源科技有限公司、天地未来（北京）科技发展有限公司等共同申请了6项涉及电解铜芯工艺的专利，这些专利在上述几个公司中经常进行转让，具体情况如表5-53所示。

表5-53　朱海涛等的相关专利转让状况

序号	名称	申请号	申请日	申请人	受让人
1	一种以太阳能和电能为复合热源的湿法电解铜体系装置	CN201420537784.7	2014-09-18	龙济时代（北京）新能源科技有限公司、朱海涛、化德县泫龙新材料科技有限公司、天地未来（北京）科技发展有限公司	化德县泫龙新材料科技有限公司

续表

序号	名称	申请号	申请日	申请人	受让人
2	一种适合铜贫化电积的电解槽体系装置	CN201420537822.9	2014-09-18	龙济时代（北京）新能源科技有限公司、朱海涛、化德县泫龙新材料科技有限公司、天地未来（北京）科技发展有限公司	化德县泫龙新材料科技有限公司
3	一种铜镍锌合金废料高温蒸锌和浇铸铜镍复合同步的装置	CN201521134821.0	2015-12-31	化德县泫龙新材料科技有限公司	天地未来（北京）科技发展有限公司
4	一种铜电解中替代阳极隔膜作用的滤过架构一体电解槽装置	CN201420537843.0	2014-09-18	龙济时代（北京）新能源科技有限公司、朱海涛、化德县泫龙新材料科技有限公司、天地未来（北京）科技发展有限公司	化德县泫龙新材料科技有限公司、天地未来（北京）科技发展有限公司
5	一种铜阳极旋转电解制合格阴极铜的装置	CN201420537783.2	2014-09-18	龙济时代（北京）新能源科技有限公司、朱海涛、化德县泫龙新材料科技有限公司、天地未来（北京）科技发展有限公司	化德县泫龙新材料科技有限公司、天地未来（北京）科技发展有限公司
6	一种镍铜锡合金废料的处理方法	CN201410448208.X	2014-09-04	龙济时代（北京）新能源科技有限公司、朱海涛	化德县泫龙新材料科技有限公司、朱海涛、天地未来（北京）科技发展有限公司、龙济时代（北京）新能源科技有限公司

表 5-53 中，第 1 项和第 2 项专利还进行了质押；除第 6 项为发明专利之外，其余 5 项均为实用新型专利，这些专利技术与现有工艺差异较大，而且绝大部分未经实审，因此，这些专利技术的先进性和可行性还有待验证。

5.4.3 湖南省专利申请状况

湖南是中国的铜冶炼大省。该省的中南大学在铜冶炼领域的技术实力雄厚，专利申请量高达 169 件，位居国内第一位。湖南其他高校或企业的创新能力与中南大学相比差距明显，其中株洲冶炼集团股份有限公司的专利申请量为 27 件，郴州市金贵银业股份有限公司的专利申请量为 26 件，吉首大学的专利申请量为 11 件。相关专利申请主要涉及火法炼铜（216 件）、废矿炼铜（81 件）、湿法炼铜（81 件）、电解铜（44 件）等方面。湖南省相关专利的转让活动比较活跃，具体情况如表 5-54 所示。

表 5-54　湖南省相关专利转让状况

序号	名称	申请号	申请日	申请人	受让人
1	铜蚀刻液再生循环方法及装置	CN200710026628.9	2007-01-31	何剑波	广州市吉弛环保科技有限公司
2	一种自然铜矿的冶炼方法	CN201110188222.7	2011-07-06	湖南华洋铜业股份有限公司	湖南森鑫矿业集团股份有限公司
3	一种从低含铜废水中回收精铜的工艺及装置	CN201310336968.7	2013-08-05	湖南凯天重金属污染治理工程有限公司	航天凯天环保科技股份有限公司
4	一种从低含铜废水中回收精铜的装置	CN201320476006.7	2013-08-05	湖南凯天重金属污染治理工程有限公司	航天凯天环保科技股份有限公司

续表

序号	名称	申请号	申请日	申请人	受让人
5	一种从棕化废液中回收铜的方法	CN201310437966.7	2013-09-24	湖南凯天重金属污染治理工程有限公司	航天凯天环保科技股份有限公司
6	反锥筛碟氨全回收式铜矿高效化合浸出装置	CN201510637668.1	2015-10-07	吉首大学	广东高航知识产权运营有限公司、张伙庆
7	旋风分离氨无泄漏式铜矿高效化合浸出装置	CN201510637664.3	2015-10-07	吉首大学	广东高航知识产权运营有限公司、惠安县安保渔船交易服务中心
8	反锥筛碟氨无泄漏式铜矿高效化合浸出装置	CN201510637666.2	2015-10-07	吉首大学	广东高航知识产权运营有限公司、永春百祥茶业有限公司
9	旋风分离氨全回收式铜矿高效化合浸出装置	CN201510637669.6	2015-10-07	吉首大学	广东高航知识产权运营有限公司、永春鸿铭家具有限公司
10	反锥筛碟绿色环保型铜矿高效化合浸出装置	CN201510637665.8	2015-10-07	吉首大学	广东高航知识产权运营有限公司、张海洋
11	旋风分离绿色环保型铜矿高效化合浸出装置	CN201510637672.8	2015-10-07	吉首大学	广东高航知识产权运营有限公司、苏桂林
12	一种处理铜钴合金的方法	CN200610031998.7	2006-07-21	刘伟锋	临沂杰能新能源材料有限公司
13	废微蚀液再生与铜回收装置	CN201020566151.0	2010-10-19	罗忠凯	湖南博一环保科技有限公司

续表

序号	名称	申请号	申请日	申请人	受让人
14	用氧压酸浸-旋流电解技术从铅冰铜中高效回收铜的工艺	CN201510271505.6	2015-05-17	湘南学院、李家元	李家元、湘南学院
15	从钢铁厂烧结灰中回收银、铜和锌的方法	CN201410048263.X	2014-02-12	湘潭大学	湖南华菱节能环保科技有限公司
16	从废杂铜阳极泥中回收铅锡合金的方法	CN201410267768.5	2014-06-16	永兴县星城金属有限责任公司	郴州兴城环保股份有限公司
17	一种从印刷电路板棕化废液中回收铜的方法	CN201610073171.6	2016-02-02	长沙汇聚环境技术有限公司	广西盛畅物流有限公司
18	一种用于氧气侧吹炉的风口铜水套	CN201020129690.8	2010-03-12	长沙有色冶金设计研究院	长沙有色冶金设计研究院有限公司、中铝国际技术发展有限公司
19	一种氧气侧吹炼铜炉	CN200820159581.3	2008-12-05	长沙有色冶金设计研究院	长沙有色冶金设计研究院有限公司、中铝国际技术发展有限公司
20	用于熔铅锅脱铜精炼的一体化装置	CN201020605725.0	2010-11-15	长沙有色冶金设计研究院	中际山河科技有限责任公司
21	一种用感应电炉贫化铅冰铜、铋冰铜的方法	CN201210237144.X	2012-07-10	赵志强	长沙科力威蒸馏技术有限公司
22	一种用感应电炉处理铜浮渣的方法	CN201210233322.1	2012-07-06	赵志强、关亚君	长沙科力威蒸馏技术有限公司

续表

序号	名称	申请号	申请日	申请人	受让人
23	一种铜砷镍分离净化铜电解液的方法	CN201110300912.7	2011-10-09	中南大学	深圳慧欣环境技术有限公司
24	从铜镉渣中回收铜、镉的方法及从富镉硫酸锌溶液中回收镉的装置	CN201310533532.7	2013-10-31	中南大学	德兴市益丰再生有色金属有限责任公司、中南大学
25	一种对PCB铜蚀刻废液进行萃取操作的方法	CN200910307874.0	2009-09-28	中南大学	广东梅县侨韵废水处理厂、中南大学
26	一种从酸性$CuCl_2$蚀刻液中分离回收铜的方法	CN201510423280.1	2015-07-17	中南大学	深圳市新锐思环保科技有限公司、中南大学
27	PCB酸性氯型铜蚀刻液废水制备高纯阴极铜的方法	CN200910043383.X	2009-05-13	中南大学、广东梅县侨韵废水处理厂	广东梅县侨韵废水处理厂、中南大学

从表5-54可知，中南大学、吉首大学、长沙有色冶金设计研究院和湖南凯天重金属污染治理工程有限公司都是转让专利的"大户"，其中湖南凯天重金属污染治理工程有限公司不但转让了表中涉及的相关专利，而且还把其申请的全部22件专利都转让给了航天凯天环保科技股份有限公司，这些专利的转让活动有可能是关联公司之间的内部交易。中南大学和长沙有色冶金设计研究院都是部分转让相关专利的权利，表明这两家单位比较重视对自身创新成果的保护。

5.4.4 广东省专利申请状况

广东是中国经济最发达的地区之一。该省在铜冶炼领域的专利申请数量比较少，这可能与铜冶炼产业对矿产资源依赖度高、生产能耗较大、污染较大、经济效益不太高等有关，而当地经济发达，可以选择发展附加值更高的产业。专利申请人中广州有色金属研究院位列首席，但是申请量只有13件，第二、第三名分别为华南理工大学（12件）和汕头华兴冶金设备股份有限公司（10件），这表明广东铜冶炼领域的专利申请人分布得比较分散，没有形成特别具有优势的主体。相关专利申请涉及循环再生和回收（168件）、湿法浸出（120件）、废水处理（64件）等技术，即主要是环保、回收和湿法等方面的技术，污染环境较严重的火法冶炼技术较少涉及。广东省铜冶炼领域专利申请人类型如图5-4所示。

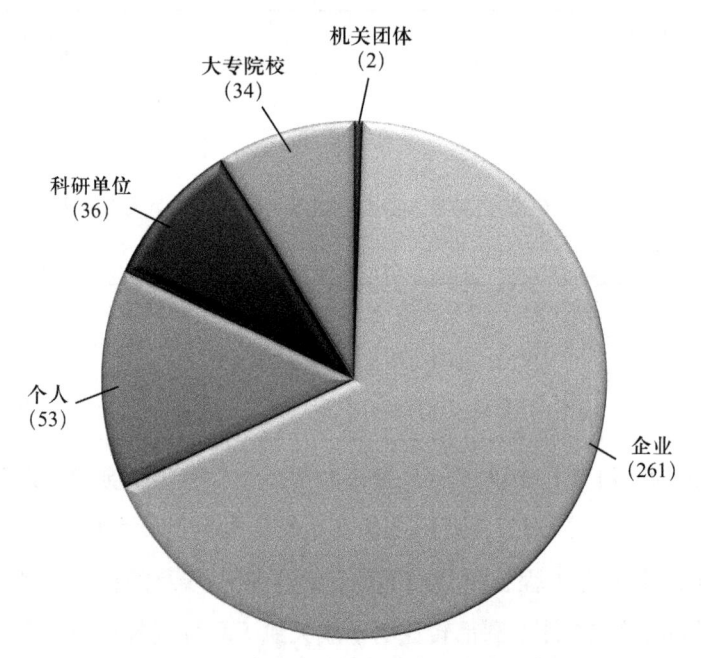

图5-4 广东省铜冶炼领域专利申请人类型

从图5-4可知，企业申请人占专利申请人总量的67.6%，表明广东省的专利申请人以企业为主，可见广东省的专利申请活动更加符合市场需求或竞争需要。

5.4.5 云南省专利申请状况

云南与广西的经济状况、自然条件、矿产资源、地理环境和人文环境等比较相近。该省的专利申请人中,昆明理工大学的专利申请量为152件,高居榜首,其他重要的专利申请人还包括云南驰宏锌锗股份有限公司(24件)、云南锡业股份有限公司铜业分公司(23件)、云南铜业股份有限公司(20件)、云南南星科技开发有限公司(12件)、云南锡业股份有限公司(11件)。从上述前六位申请人可以看出,云南省相关企业的科技创新能力较强,特别是云南铜业和云南锡业等大型国企的整体研发能力较强,这有利于发挥大型企业的规模效应,促进对铜矿的冶炼和综合开发。相关专利申请主要涉及铜提炼(280件)、电解铜(87件)、废料处理(15件)、浮选矿法(13件)等方面。

从专利转让情况来看,云南省较少转让相关专利,其中昆明理工大学虽然申请了较多专利,但是除了向其关联公司——昆明理工大学科技产业经营管理有限公司转让专利外,只对外部分转让了一件专利,名称为"一种铜污泥转化为人造矿石的无害化处理方法"(申请号为CN201310236811.7)。该专利由昆明理工大学于2013年6月申请,该专利转让后的专利权人包括云南铜业股份有限公司、昆明理工大学和楚雄滇中有色金属有限责任公司。上述情况表明,云南高校需要与当地铜冶炼企业加强交流与合作。

5.4.6 浙江省专利申请状况

浙江是中国经济强省。该省的专利申请情况与广东省较相似,专利申请人的申请数量不太多,排名第一的浙江华友钴业股份有限公司的专利申请量只有22件,其他申请人依次为宁波大学(17件)、浙江工业大学(13件)、宁波金田铜业(集团)股份有限公司(10件)、浙江大学(10件)等。相关专利申请主要涉及铜提炼(102件)、废矿处理(67件)、废料处理(58件)、电解铜(50件)、湿法萃取(45件)等方面。

浙江大学是国内排名靠前的重点大学,但该校在铜冶炼方面的专利申请量远逊于宁波大学,而且浙江大学为数不多的专利中还存在较大比重的失效专利,表明该校需要加强专利管理和维护工作。宁波大学在铜冶炼领域的技术创新能力较强,专利技术主要集中在低品位铜矿的阳极板低成本装备和节能冶炼方法等方面。该校铜冶炼领域专利申请状况如表 5-55 所示。

表 5-55　宁波大学铜冶炼领域专利申请状况

序号	名称	申请号	申请日	申请人	法律状态
1	一种低品位铜冶炼上引电工铜杆的环保方法	CN201410603604.5	2014-10-31	宁波大学	授权
2	一种低品位铜冶炼上引电工铜杆的节能方法	CN201410603621.9	2014-10-31	宁波大学	授权
3	一种低品位铜原料的低成本装备的节能冶炼方法	CN201410603697.1	2014-10-31	宁波大学	授权
4	一种低品位铜原料的低成本装备的环保冶炼方法	CN201410603690.X	2014-10-31	宁波大学	授权
5	一种低品位铜冶炼优质阳极板低成本装备的节能方法	CN201410603674.0	2014-10-31	宁波大学	授权
6	一种低品位铜冶炼优质阳极板的节能方法	CN201410603656.2	2014-10-31	宁波大学	授权
7	一种低品位铜冶炼优质阳极板的环保方法	CN201410603624.2	2014-10-31	宁波大学	授权
8	一种低品位铜冶炼优质阳极板低成本装备的环保方法	CN201410603658.1	2014-10-31	宁波大学	授权

从表 5-55 可知，宁波大学申请的专利都是针对低品位铜矿的冶炼，比较符合广西的实际情况，广西相关企业可以将宁波大学作为重要的合作对象。

5.4.7　江西省专利申请状况

江西的有色金属、贵金属和稀有金属矿产在全国占有重要地位，其铜、钨、铀、钽、重稀土、金和银矿被称为"七朵金花"。江西已建成亚洲最大的铜矿和全国最大的铜冶炼基地。该省主要的专利申请人包括中国瑞林工程技术有限公司（39 件）、江西理工大学（29 件）、鹰潭江南铜业有限公司（26件）、江西铜业股份有限公司（23件）、江西稀有金属钨业控股集团有限公司（12件）、江西众合装备技术有限公司（10件）、江西稀有稀土金属钨业集团有限公司（10件）等。从专利申请人类型和申请数量来看，该省铜冶炼产业的公司具有较强的技术研发实力，在该省的领先优势较明显。相关专利申请主要涉及铜提纯（138件）、废料处理（81件）、电解铜（65件）、湿法冶炼（57件）和电解槽结构（50件）等方面。江西的专利转让活动比较活跃，具体情况如表5-56所示。

表5-56 江西省铜冶炼领域专利转让状况

序号	名称	申请号	申请日	申请人	受让人
1	回收废杂铜阳极泥中有价金属的方法	CN201410269458.7	2014-06-16	岑溪市东正动力科技开发有限公司	大余明发矿业有限公司
2	一种无氧铜精炼炉	CN201120458943.0	2011-11-18	丰城市鑫琪金属制品有限公司	江西瑞泰铜业有限公司
3	多级错流与逆流联用回收蚀刻液中铜的方法	CN201210439048.3	2012-11-06	赣州聚环科技有限公司	孟辉
4	从酸性蚀刻液中回收铜的方法及其专用装置	CN201210438732.X	2012-11-06	赣州聚环科技有限公司	孟辉
5	酸性蚀刻液中金属铜回收装置	CN201220581050.X	2012-11-06	赣州聚环科技有限公司	孟辉
6	复杂硫化铜矿热活化-加压浸出工艺	CN200910115866.6	2009-08-31	江西理工大学	赣州市赤鼎再生资源有限公司
7	黄铜矿碱熔炼预处理-低温加压浸出工艺	CN201410014051.X	2014-01-13	江西理工大学	紫金矿业集团股份有限公司、江西理工大学

续表

序号	名称	申请号	申请日	申请人	受让人
8	铜阳极板伸缩式对称夹钳装置	CN200910186018.4	2009-09-11	江西瑞林装备技术有限公司	江西瑞林装备有限公司
9	一种分铜液的处理工艺	CN201410210702.2	2014-05-19	江西新金叶实业有限公司	徐忠堂、叶礼平
10	一种水冷铜熔炼炉	CN201420366156.7	2014-07-04	江西亚菲达铜业有限公司	余江县赛亚实业有限公司
11	飘浮熔炼和浸没吹炼一体化的连续炼铜装置	CN200720008408.9	2007-09-29	南昌有色冶金设计研究院	中国瑞林工程技术有限公司
12	铜、镍硫化物精矿闪速熔炼冶金工艺	CN01138379.8	2001-12-29	南昌有色冶金设计研究院	中国瑞林工程技术有限公司
13	铜阳极板可调位浮动夹头夹紧定位装置	CN200810107265.6	2008-10-13	中国瑞林工程技术有限公司	江西瑞林装备有限公司
14	铜阳极板多工位平稳移送装置	CN200810107264.1	2008-10-13	中国瑞林工程技术有限公司	江西瑞林装备有限公司
15	铜阳极板圆弧式分片装置	CN200820137750.3	2008-10-13	中国瑞林工程技术有限公司	江西瑞林装备技术有限公司、江西瑞林装备有限公司
16	一种用于铜冶炼水淬过程中的湿烟气处理装置	CN201220244395.6	2012-05-29	中国瑞林工程技术有限公司	铜陵有色金属集团股份有限公司金冠铜业分公司、中国瑞林工程技术有限公司

从表5-56可知，江西在铜冶炼领域的专利转让类型包括：①公司向

个人转让专利，如表中第 3—5 项专利，主要涉及从蚀刻液回收铜的方法；②关联公司之间的转让，如第 13—15 项中国瑞林与江西瑞林之间的专利转让；③高校向公司转让，如表中第 6—7 项专利，江西理工大学将其转让给了省内外的企业。表 5-56 中有若干项专利已经失效，可以成为广西相关企业无风险借鉴和使用的对象。

5.4.8 山东省专利申请状况

山东省矿产种类较多，能源、金属、非金属和水气矿产均有分布，资源储量较丰富，单位面积丰度值较高，但人均占有资源量相对较少，相当于全国人均值的 49%，居第 11 位。重要金属矿产绝大多数为共（伴）生矿床，大部分的铁和有色金属矿产为贫矿或难采、选、冶矿产。国民经济支柱性矿产中铀、铁、铜、铅、锌、钼、磷、钾盐等矿产的成矿条件较差，查明资源量少。

该省主要的专利申请人包括阳谷祥光铜业有限公司（50 件）、东营方圆有色金属有限公司（30 件）、山东方圆有色金属科技有限公司（18 件）、东营鲁方金属材料有限公司（17 件）、山东国大黄金股份有限公司（17 件）、山东大学（11 件）、济南大学（10 件）等。从申请人和申请量来看，山东省的专利申请活动集中在阳谷祥光铜业有限公司、东营方圆有色金属有限公司等企业，表明相关企业在当地具有较大的优势；同时，山东大学、济南大学等当地重点大学对该省铜冶炼领域的技术创新也起到一定作用。

该省的相关专利申请主要涉及冶炼生产工艺（34 件）、酸性废水处理（42 件）、粗铜提炼（87 件）、有价金属回收（74 件）等技术。具体的专利申请状况如表 5-57 所示。

表 5-57　山东省铜冶炼领域专利申请状况

序号	名称	申请号	申请日	申请人	法律状态
1	一种从铜阳极泥中提取碲的工艺	CN200810238124.8	2008-12-08	阳谷祥光铜业有限公司	授权

续表

序号	名称	申请号	申请日	申请人	法律状态
2	铜冶炼热态炉渣提铁工艺与装置	CN200910230701.3	2009-11-26	阳谷祥光铜业有限公司	授权
3	一种炼铜装置及工艺	CN201110094601.X	2011-04-15	东营鲁方金属材料有限公司	撤回
4	一种富氧侧吹熔池熔炼粗铜的生产工艺及其专用设备	CN200810015766.1	2008-04-28	烟台鹏晖铜业有限公司	权利终止
5	一种从氰化提金尾渣选铜后液中综合回收铜金银的方法	CN201110446318.9	2011-12-28	山东国大黄金股份有限公司	权利终止
6	一种从碲铜渣中提取碲的方法	CN201210266666.2	2012-07-30	阳谷祥光铜业有限公司	授权
7	一种脉动旋流法铜冶炼工艺及装置	CN200910230500.3	2009-11-26	阳谷祥光铜业有限公司	授权
8	一种熔融铜渣综合利用工艺及其系统	CN201010276392.6	2010-09-09	山东天力干燥设备有限公司	授权
9	从硫化物铜矿中浸提回收铜、银、金、铅、铁、硫的方法及设备	CN93115993.8	1993-12-27	杨春青	撤回
10	一种从铜阳极泥中提取铂钯的方法	CN201310245986.4	2013-06-20	山东恒邦冶炼股份有限公司	授权
11	铜精矿的冶炼方法和冶炼装置	CN201310480065.6	2013-10-14	阳谷祥光铜业有限公司	驳回
12	一种氰化亚铜工艺废水的综合治理方法	CN200610091180.4	2006-07-05	山东双凤股份有限公司	撤回
13	电解-电渗析联合技术实现含铜废水资源化的方法	CN200910015568.X	2009-05-14	中国海洋大学	驳回
14	一种铜电解系统及运行方法	CN201310315228.5	2013-07-24	阳谷祥光铜业有限公司	授权

续表

序号	名称	申请号	申请日	申请人	法律状态
15	铜电解上清液过滤工艺	CN200810015712.5	2008-04-24	东营方圆有色金属有限公司	撤回
16	一种从冰铜中脱除铅、锌、砷、锑、铋、锡的工艺及装置	CN201310407012.1	2013-09-09	杨先凯	授权
17	无噪音环保冰铜粒化工艺	CN200810158080.8	2008-10-29	阳谷祥光铜业有限公司	授权
18	粗铜的生产方法及用于粗铜生产的生产装置	CN201310314853.8	2013-07-23	阳谷祥光铜业有限公司	授权
19	加盐焙烧一氰化法从含铜金精矿中综合回收金、银、铜	CN98107651.3	1998-04-22	薛光、程国强、徐永祥	撤回

从表5-57可知，相关技术比较重要和先进，其中有较多技术可以供广西相关企业借鉴和使用。

5.4.9 甘肃省专利申请状况

甘肃省矿产资源丰富，矿种多，类型齐全，远景可观。现已发现各类矿产173种，占全国已知矿种的95%，其中已探明储量的矿产98种，有27种矿产的保有储量居全国前五位。已开采利用的矿产65种，产地近4000处，其中大中型矿产地134处。已探明铜、铅、锌、镍、钴、钨、锡、镁、锑、铂族、金、银、硒、稀土、铌等有色贵金属及稀有、稀土、稀散元素矿产30多种。从矿产保有储量看，铜、镉居全国第四位。

该省主要的专利申请人包括金川集团（股份）有限公司（138件）、白银有色集团股份有限公司（61件）、西北矿冶研究院（13件）、西北师范大学（5件）等。从申请人和申请量来看，该省的专利申请活动集中在金川、白银等大型国企，其他申请人与之相比差距较大，这表明金川、白银等大型国企在甘肃当地具有较明显的优势。

该省的相关专利申请主要涉及浸出工艺（112件）、熔池熔炼炉炼铜（38件）、铜精矿冶炼（42件）等技术。

该省的专利转让状况如表5-58所示。

表5-58 甘肃省铜冶炼专利转让状况

序号	名称	申请号	申请日	申请人	受让人
1	一种钴电解液的除铜方法	CN200410056895.7	2004-08-30	金川集团有限公司	兰州金川新材料科技股份有限公司
2	一种白银炼铜法熔炼炉	CN201120199462.2	2011-06-14	白银有色集团股份有限公司	白银有色集团股份有限公司、中国瑞林工程技术有限公司
3	白银炼铜炉弹性钢骨架	CN201210329186.6	2012-09-07	白银有色集团股份有限公司、中国瑞林工程技术有限公司	白银有色集团股份有限公司、中国瑞林工程技术有限公司
4	铜阳极板砂型铸造双面浇铸模及其制作方法	CN201210385742.1	2012-10-12	金川集团股份有限公司、金川集团机械制造有限公司	金昌镍都矿山实业有限公司
5	对称倾斜式铜熔池熔炼炉炉体	CN201220454593.5	2012-09-07	白银有色集团股份有限公司	白银有色集团股份有限公司、中国瑞林工程技术有限公司
6	一种铜熔炼炉侧吹系统	CN201220454601.6	2012-09-07	白银有色集团股份有限公司	白银有色集团股份有限公司、中国瑞林工程技术有限公司

续表

序号	名称	申请号	申请日	申请人	受让人
7	一种用于闪速吹炼炉粗铜排放口堵口的装置	CN201620771728.9	2016-07-21	金川集团股份有限公司	广西金川有色金属有限公司
8	白银炼铜炉弹性钢骨架	CN201220454543.7	2012-09-07	白银有色集团股份有限公司	白银有色集团股份有限公司、中国瑞林工程技术有限公司

上表中第7项专利由金川集团股份有限公司转让给了广西金川有色金属有限公司，这在一定程度上有利于广西闪速吹炼炉冶炼粗铜技术的发展。

5.4.10 安徽省专利申请状况

安徽省矿产资源种类繁多，储量丰富，分布集中。煤、铁、铜、硫、磷、明矾、石灰岩等38种矿产的储量居全国前10位。现已探明铜矿储量384.9万吨，硫铁矿储量5.64亿吨，均居全国第5位。

该省主要的专利申请人包括铜陵有色金属集团股份有限公司金冠铜业分公司（30件）、金隆铜业有限公司（18件）、合肥金星机电科技发展有限公司（8件）、安徽嘉伟再生资源有限公司（8件）、江西理工大学（6件）、铜陵有色设计研究院（6件）、合肥工业大学（5件）等。由此可见，该省相关企业的专利申请量较大，相关高校的专利申请量不足。

相关专利申请主要涉及电解系统（61件）、火法精炼（44件）、铜熔炼炉设备（37件）等方面。安徽省铜冶炼领域专利申请及转让状况如表5-59所示。

表5-59 安徽省铜冶炼领域专利申请及转让状况

序号	名称	申请号	申请日	申请人	法律状态	受让人
1	无氧化无还原火法精炼铜工艺	CN200710109374.7	2007-05-28	周松林	授权	阳谷祥光铜业有限公司

续表

序号	名称	申请号	申请日	申请人	法律状态	受让人
2	利用含铜废弃物湿法提取高品位铜板清洁节能环保新工艺	CN201210268786.6	2012-07-31	安徽嘉伟再生资源有限公司	授权	界首市格林铜业有限公司
3	一种还原气氛窑炉中快速还原铜渣生产铁铜合金的方法	CN201210210648.2	2012-06-20	北京科技大学	授权	铜陵有色金属集团股份有限公司
4	从废铜液中提取硫酸铜的萃取方法	CN201410774272.7	2014-12-16	铜陵翔宇商贸有限公司	授权	安徽格太信控科技有限公司
5	一种废铜电解槽中电解液供给系统	CN201220380032.5	2012-07-31	安徽嘉伟再生资源有限公司	权利终止	界首市格林铜业有限公司
6	一种生产电解铜用阳极框导电极	CN201220375335.8	2012-07-31	安徽嘉伟再生资源有限公司	权利终止	界首市格林铜业有限公司
7	含铜废弃物湿法提取槽	CN201220375311.2	2012-07-31	安徽嘉伟再生资源有限公司	权利终止	界首市格林铜业有限公司
8	电解铜提取中蒸馏水回收利用系统	CN201220375291.9	2012-07-31	安徽嘉伟再生资源有限公司	权利终止	界首市格林铜业有限公司

从表5-59可知，安徽省该领域的专利转让数量并不太多，其中自然人周松林申请的专利转让给了阳谷祥光铜业有限公司，而周松林是该公司的副总经理，因此该专利转让属于关联交易。界首市格林铜业有限公司收购了较多专利，但是有4项专利现已失效，这些失效专利对广西相关企业可能具有较高的借鉴和使用价值。

5.5 专利请求无效状况分析

铜冶炼领域被请求无效的专利并不多，具体情况如表5-60所示。

表 5-60 铜冶炼领域专利请求无效状况

序号	名称	申请号	申请日	申请人	法律状态	无效请求人
1	酸性氯化铜蚀刻液电解再生循环及铜板回收装置	CN201420337905.3	2014-06-24	深圳市新锐思环保科技有限公司	授权	艾朋荣、深圳市洁驰科技有限公司
2	碱性蚀刻液再生循环及铜回收的装置	CN201420421044.7	2014-07-29	深圳市新锐思环保科技有限公司	授权	深圳市洁驰科技有限公司
3	一种层级串联式短流程炼铜装置	CN201420285359.3	2014-05-30	山东方圆有色金属科技有限公司、东营方圆有色金属有限公司、东营鲁方金属材料有限公司、东营市方圆有色金属研究院	授权	中国恩菲工程技术有限公司
4	一种蚀刻废液或低含铜废水的提铜方法	CN200610036528.X	2006-07-08	王万春	全部无效	深圳市洁驰科技有限公司
5	混合煤气熔铜炉	CN92205006.6	1992-03-21	刘敏	权利终止	武汉铜材厂
6	一种铜精矿粉制块工艺	CN96122215.8	1996-10-15	宋珉	全部无效	云南铜业凯通有色金属有限公司

从表 5-60 可知，铜冶炼领域请求专利无效的案例较少，其中深圳市洁驰科技有限公司对竞争对手涉及蚀刻液的专利提起了 3 次无效请求，表明该公司的专利竞争意识很强。经检索发现，该公司自己申请了 18 项（合并同族后为 17 项）涉及蚀刻液的专利，而且该公司比较重视专利检索分析，知道采用专利请求无效手段来阻止竞争对手布局相关专利，这一专利竞争策略值得学习和借鉴。另外，中国恩菲工程技术有限公司也对山东方圆有色金属科技有限公司等申请的相关专利提出了无效请求，表明该企业的专利预警分析工作做得比较到位。

5.6 专利转让状况分析

铜冶炼领域的专利转让活动比较活跃，除那些非正常交易和关联公司之间的交易外，铜冶炼领域共有 105 件专利（合并同族后为 69 项）进行过转让。广西以外省份铜冶炼领域专利转让状况如表 5-61 所示。

表 5-61 广西以外省份铜冶炼领域专利转让状况

专利申请人	专利受让人	涉及技术	转让数
北京科技大学	上饶市致远环保科技有限公司、致远控股集团有限公司、铜陵有色金属集团股份有限公司、北京中色鑫世纪技术有限公司、北京冶耐基业新技术有限公司	阳极泥提炼贵金属、炉渣提炼和回收贵金属	18
中南大学	广东梅县侨韵废水处理厂、德兴市益丰再生有色金属有限责任公司、深圳慧欣环境技术有限公司、深圳市新锐思环保科技有限公司、中南大学分别与上述公司共有相关专利	铜砷渣回收和净化、蚀刻液回收铜	8
中国瑞林工程技术有限公司	广西有色再生金属有限公司、江西瑞林装备技术有限公司、白银有色集团股份有限公司、铜陵有色金属集团股份有限公司金冠铜业分公司	铜阳极板设备、白银炼铜炉骨架、杂铜冶炼	8
杨伟燕	阳谷祥光铜业有限公司	铜冶炼渣回收、高杂质铜矿冶炼	8

续表

专利申请人	专利受让人	涉及技术	转让数
昆明理工大学	昆明理工大学科技产业经营管理有限公司、云南铜业股份有限公司、楚雄滇中有色金属有限责任公司	氧化铜氨浸工艺、铜污泥处理	6
深圳市东江环保股份有限公司	深圳市宝安东江环保技术有限公司、惠州市东江环保技术有限公司	蚀刻废液处理、含铜废水处理	6
白银有色集团股份有限公司	中国瑞林工程技术有限公司和白银有色集团股份有限公司共有相关专利	白银炼铜炉设备及侧吹系统	6
安徽嘉伟再生资源有限公司	界首市格林铜业有限公司	电解铜回收装置、含铜废弃物湿法提取	5
山东金升有色集团有限公司	东部铜业股份有限公司和山东金升有色集团有限公司共有相关专利	炼铜烟气及余热回收	5

从表 5-61 可知，高校转让的专利一般涉及废渣提炼和回收技术，表明相关技术比较有市场前景。科技、环保类型的企业（如安徽嘉伟再生资源有限公司、深圳市东江环保股份有限公司等）拥有的环保、资源回收类专利也比较受欢迎。中国瑞林工程技术有限公司与白银有色集团股份有限公司可能存在比较紧密的合作关系，它们之间转让的专利一般都与大型炼铜设备和工艺相关。

铜冶炼领域转让的专利一般涉及比较先进的技术，其中的失效专利可以被企业无风险和无偿地加以使用，因此具有较高的借鉴和研究价值。具体情况如表 5-62 所示。

表 5-62 铜冶炼领域失效专利状况

序号	名称	申请号	申请日	申请人	法律状态	受让人
1	一种废铜电解槽中电解液供给系统	CN201220380032.5	2012-07-31	安徽嘉伟再生资源有限公司	权利终止	界首市格林铜业有限公司

续表

序号	名称	申请号	申请日	申请人	法律状态	受让人
2	一种生产电解铜用阳极框导电极	CN201220375335.8	2012-07-31	安徽嘉伟再生资源有限公司	权利终止	界首市格林铜业有限公司
3	含铜废弃物湿法提取槽	CN201220375311.2	2012-07-31	安徽嘉伟再生资源有限公司	权利终止	界首市格林铜业有限公司
4	电解铜提取中蒸馏水回收利用系统	CN201220375291.9	2012-07-31	安徽嘉伟再生资源有限公司	权利终止	界首市格林铜业有限公司
5	白银炼铜炉弹性钢骨架	CN201220454543.7	2012-09-07	白银有色集团股份有限公司	放弃	白银有色集团股份有限公司、中国瑞林工程技术有限公司

从表5-62可知，安徽嘉伟再生资源有限公司转让给界首市格林铜业有限公司的4项专利现已失效，其中有3项是因为未按时缴纳年费而失效，这表明界首市格林铜业有限公司在专利维护管理上可能存在一定问题。

5.7 专利许可状况分析

铜冶炼领域专利许可状况如表5-63所示。

表5-63 铜冶炼领域专利许可状况

序号	名称	申请号	申请日	申请人	法律状态	被许可人
1	一种铋钼铜硫混合精矿的分离方法	CN200910038844.4	2009-04-21	广州有色金属研究院	授权	广州粤有研矿物资源科技有限公司

续表

序号	名称	申请号	申请日	申请人	法律状态	被许可人
2	从矿石中综合回收镍、铜、钴、硫和镁的工艺	CN200710111409.0	2007-06-18	中国恩菲工程技术有限公司	授权	广西银亿科技矿冶有限公司
3	一种低品位氧化铜钴矿中铜、钴镍的分离提取方法	CN200910042830.X	2009-03-11	中南大学	授权	赣州腾远钴业有限公司
4	膜分离-电解集成处理含重金属铜废水的方法	CN200710056689.X	2007-02-01	天津大学	授权	肇庆市飞南金属有限公司
5	用于烟气脱硝的铈铜钛复合氧化物催化剂及制备和使用方法	CN201010268874.7	2010-08-27	浙江大学	授权	瑞基科技发展有限公司
6	飘浮熔炼和浸没吹炼一体化的连续炼铜法及其装置	CN200710009624.X	2007-09-29	中国瑞林工程技术有限公司	授权	莱州方泰金业化工有限公司
7	一种铜吹炼渣还原贫化的方法和设备	CN201110288211.6	2011-09-26	云南铜业股份有限公司、昆明理工大学、昆明理工精诚科技有限责任公司	授权	易门铜业有限公司
8	多级错流与逆流联用回收蚀刻液中铜的方法	CN201210439048.3	2012-11-06	赣州聚环科技有限公司	授权	赣州聚中环保科技有限公司

续表

序号	名称	申请号	申请日	申请人	法律状态	被许可人
9	富集与提纯镍、钴或铜离子的方法	CN200810041695.2	2008-08-14	上海西恩化工设备有限公司	授权	池州西恩新材料科技有限公司
10	一种从多金属硫化铜矿中分离去除铅和锌的方法	CN201210016944.9	2012-01-19	四川顺应金属材料科技有限公司	授权	眉山顺应新能源材料有限公司

从表5-63可知，铜冶炼领域许可专利的法律状态均为有效，表明相关专利得到了一定的重视和保护。中国恩菲工程技术有限公司与广西银亿科技矿冶有限公司存在业务合作关系，前者将一项名为"从矿石中综合回收镍、铜、钴、硫和镁的工艺"的专利许可给了广西银亿。两公司还申请过两项涉及镍矿浸出的专利（申请号为CN200810225896.8、CN200810225895.3），两公司的合作可以说是广西本土企业与区外大型国企合作的典范。在许可的相关专利中，有较大比重的专利是高校和科研院所申请的，具体包括中南大学、浙江大学、天津大学、昆明理工大学和广州有色金属研究院等，广西相关企业可以考虑从上述单位引进先进的铜冶炼专利技术。

第6章 广西铜冶炼专利状况分析

广西的铜矿是我国发现最早的矿种之一，铜的生产和使用在我国有着悠久的历史。区内春秋战国墓葬出土的铜器和制铜石范表明，当时或在此之前铜矿已被发现和开采利用。西汉至唐朝时，北流铜石岭的铜矿已被开采和冶炼。宋时贺州、苍梧、融县、邕州产铜，梧州、桂林设铸钱监铸铜钱。清代至民国时期，桂林、临桂、灵川、苍梧、恭城、河池、灵山、贺州、天保、修仁、武鸣、上思、宁明、永福、百寿、平南、南丹、上林等地铜矿均有人进行小规模开采，但技术落后，产量低下。

广西铜矿地质勘查始于1956年，至2003年底，广西探明铜矿床20处，其中，德保钦甲、武鸣两江铜矿属中型矿床，其余为小型矿床。矿床较为集中地分布在桂西德保、桂南武鸣、桂北罗城和融水一带，属与岩浆作用有关的矽卡岩-热液型铜矿床和与岩浆、热卤水双重作用有关的复控型铜矿床。赋矿层位主要有寒武纪和泥盆纪，控矿岩体主要是加里东期和燕山期花岗岩。矿石矿物主要有黄铜矿、黄铁矿、磁铁矿、磁黄铁矿、锡石、方铅矿、闪锌矿、毒砂、辉铋矿等。部分矿床的矿石中含锗、镓、铟等元素，且伴生金、银。黄铜矿常是金、银的载体矿物，提高了低品位铜矿床的经济价值。现累计探明铜金属资源储量42.15万吨，保有铜金属资源储量35.49万吨，全国排名第19位。

近年来，广西先后建设的铜矿山、铜冶炼企业、铜加工企业有德保铜矿、德胜铝厂电解铜车间、桂林有色金属加工厂、荔浦铜矿、横县六花岭铜矿、横县陶圩铜矿、武鸣两江铜矿、灵川潮田铜矿、武宣二塘铜矿、金秀大木铜矿、金秀三江铜矿、罗城四堡铜矿、贺州大姚铜矿、苍梧黄茅铜矿、贵县木梓铜矿、桂平西德铜矿、博白东平铜矿、岑溪古钱铜矿、资源两水老虎口铜矿、蒙山古修铜矿、蒙山谢村铜矿、灵山佛子乡铜矿、玉林冶炼厂、武鸣冶炼厂、宾阳冶炼厂、平桂西湾炼铜车间、南宁铝厂炼铜车间，以及贺州、河池、扶绥、蒙山、灵山、南宁、柳州、田阳冶炼厂等。

广西德保铜矿有限责任公司属国有中型企业，是广西最大的铜矿生产基地。矿山建于1966年，日采选处理量为800吨，年产铜精矿14894吨，铜精矿品位为23.5%；年产铁精矿15000吨，铁精矿品位为60%。副产品有金、银、锡、硫等。企业先后荣获"广西经济效益百强企业""重合同、守信用单位""广西工业企业管理优秀单位"等称号，被评为中国行业100家最佳经济效益企业之一。该企业与张家港联合铜业合资建设百色融达铜业有限责任公司，年产粗铜20000吨。目前企业正以现有探明的铜矿资源为依托，加大科技投入，乘西部大开发之风，以铜业为主，多业并举，逐步从铜采选向冶炼、加工等方面发展。

广西是有色金属资源大省区，但一直没有大型铜工业项目。着眼于"绿色低碳、循环利用"的有色金属工业发展新方向，2010年，刚刚成立两年的广西有色金属集团果断做出决策：建设年产30万吨再生铜冶炼项目，挺进再生金属生产领域，推动广西有色金属工业转型升级。当年9月28日，该项目在梧州正式动工建设，并被列入自治区层面整体推进的区级重大项目。该项目还是国家《有色金属产业调整和振兴规划》出台后，国内首家符合规划要求的再生铜冶炼项目，已被列入国家发展改革委重点产业扶持项目。

该项目采用目前国际上最先进的铜精炼技术，通过配料、富氧顶吹熔池熔炼、火法精炼、电解精炼等主要工艺流程，综合回收杂铜中的有价金属，最终产出高纯阴极铜以及副产品粗硫酸铜等，同时废水、废气、废渣等废料排放达到国家甚至国际标准，充分体现节能循环、高效利用和发展循环经济的理念。该项目由中国瑞林工程技术有限公司设计，并以工程总承包方式建设。

6.1 专利申请趋势分析

从图 6-1 可知,广西在铜冶炼领域的专利申请起步较晚,但从 2012 年开始,广西的年申请量有了较大提高。近年来,广西的专利申请数量整体呈现快速增长的趋势,表明广西发展的后劲较足。另外,2021 年的专利申请数量下降有可能与发明专利申请的延迟公开有关,并不能体现 2021 年专利申请的真实情况。

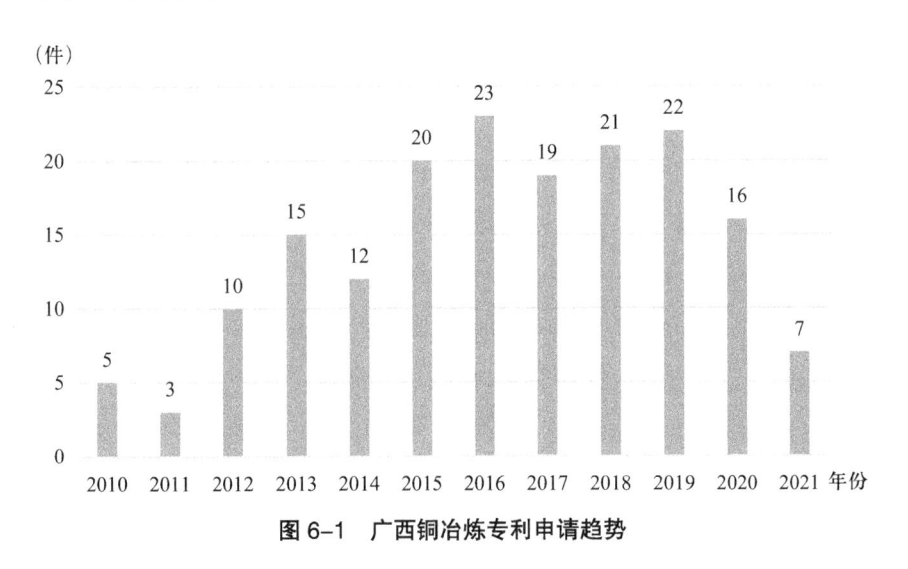

图 6-1 广西铜冶炼专利申请趋势

6.2 主要专利申请人状况分析

广西铜冶炼领域主要专利申请人状况如表 6-1 所示。

表 6-1 广西铜冶炼领域主要专利申请人状况

单位:件

序号	专利申请人	专利申请数量
1	广西大学	16
2	岑溪市东正动力科技开发有限公司	7
3	广西有色再生金属有限公司	7

续表

序号	专利申请人	专利申请数量
4	来宾华锡冶炼有限公司	7
5	梧州漓佳铜棒有限公司	4
6	张圆圆	3
7	桂林漓佳金属有限责任公司	2

从表6-1可知,广西在铜冶炼领域的整体创新能力不太强。主要专利申请人的具体情况如下。

6.2.1 广西大学

广西大学资源与冶金学院前身为原广西大学矿冶系,1997年4月原广西大学与广西农业大学两校合并成立新的广西大学时更改为资源与环境学院。2008年12月8日,资源与环境学院正式更名为资源与冶金学院。2017年,资源与冶金学院、环境学院、材料科学与工程学院合并组建成资源环境与材料学院。目前,学院设有矿物资源系、环境科学与工程系、材料学系、材料加工工程系、材料物理与化学系5个系;设有矿物资源工程、环境工程、材料成型及控制工程、材料科学与工程、木材科学与工程5个本科专业;设有矿业工程、环境科学与工程、材料科学与工程3个一级学科硕士点,以及材料与化工(材料工程、林业工程)、资源与环境(环境工程、矿业工程)2个专业硕士点。

广西大学在捕收剂及其制备、抑制剂及其制备等方面的研发能力令人瞩目,该校申请的专利主要集中在上述两个方面。

6.2.2 岑溪市东正动力科技开发有限公司

岑溪市东正动力科技开发有限公司是一家民营企业,该公司的主要专利技术集中在废杂铜冶炼方法、废杂铜回收贵金属工艺和冶炼炉等方面。该公司的专利申请量虽然只有7件,但专利授权率和有效率都很不错,表明该公司的创新能力较强。

该公司有 4 项涉及废杂铜冶炼和回收贵金属的发明专利申请获得了授权，并且这 4 项专利全部实现了转让，具体情况如表 6-2 所示。

表 6-2　岑溪市东正动力科技开发有限公司铜冶炼领域专利转让状况

序号	名称	申请号	申请日	申请人	受让人	法律状态
1	回收废杂铜阳极泥中有价金属的方法	CN201410269458.7	2014-06-16	岑溪市东正动力科技开发有限公司	大余明发矿业有限公司	授权
2	从废杂铜阳极泥中回收铅锡合金的方法	CN201410267768.5	2014-06-16	岑溪市东正动力科技开发有限公司	永兴县星城金属有限责任公司	授权
3	一种回转式阳极炉冶炼高品位废杂铜的方法	CN201510122318.1	2015-03-19	岑溪市东正动力科技开发有限公司	江苏华威铜业有限公司	授权
4	一种低品位废杂铜的冶炼方法	CN201510122333.6	2015-03-19	岑溪市东正动力科技开发有限公司	谢彩红	授权

6.2.3　广西有色再生金属有限公司

广西有色再生金属有限公司是广西铜冶炼产业的重要企业，该公司是原广西有色金属集团与梧州市人民政府按照自治区"打造产值超千亿元有色金属产业"的发展战略，于 2008 年 9 月 28 日共同出资成立的国有企业，成立之初注册资本为 1 亿元。2009 年 10 月 28 日，公司引进广西置高投资发展有限公司作为战略投资者进行了增资扩股，公司股东变更为三方，即广西有色金属集团、梧州市国资委、广西置高投资发展有限公司，公司注册资本变更为 5 亿元。公司的经营范围是：对有色金属矿业的投资；有色金属（钨、锡、锑除外）冶炼、加工；金属制品（国家专管除外）、化工产品（危险化学品除外）批发、零售；各类商品和技术的进出口（国家限定公司经营或禁止进出口的商品和技术除外）；技术咨询与服务。

公司重点建设的30万吨再生铜冶炼工程、30万吨再生铝加工工程是广西有色金属集团的新建项目，项目位于梧州进口再生资源加工园区，项目用地约1000亩（其中再生铜项目约600亩、再生铝项目约400亩），项目建设规模为年产阴极铜30万吨、年铸造铝合金锭28万吨，总投资约33.18亿元（其中再生铜项目约23.2亿元、再生铝项目约9.98亿元），再生铜项目建设周期为18个月、再生铝项目建设周期为24个月。两项目建成达产后，梧州将成为广西最大的再生金属冶炼和加工基地，对国内外再生铜、再生铝产业格局将产生举足轻重的影响。

但残酷的现实是，"年产30万吨再生铜冶炼工程"项目建成投产后，由于受到市场低迷等多种因素的影响，公司持续亏损，2015年12月最终因资不抵债被迫向梧州市中级人民法院申请破产保护。同时，该公司的控股母公司广西有色金属集团有限公司因资金严重不足不能清偿到期债务，且资产不足以清偿全部债务，于2015年12月由南宁市中级人民法院裁定破产重整，后因在法定重整期限内没有重整方及未能提交重整计划草案，由上述法院裁定破产。该公司铜冶炼领域的专利申请状况如表6-3所示。

表6-3 广西有色再生金属有限公司铜冶炼领域专利申请状况

序号	名称	申请号	申请日	申请人	法律状态
1	一种冶炼杂铜的精炼摇炉及其冶炼方法	CN201210060435.6	2012-03-09	广西有色再生金属有限公司、中国瑞林工程技术有限公司	权利终止
2	低品位杂铜冶炼烟气净化、余热回收装置及其控制方法	CN201210409295.9	2012-10-24	广西有色再生金属有限公司、中国瑞林工程技术有限公司	撤回
3	一种冶炼杂铜的精炼摇炉	CN201220086022.0	2012-03-09	广西有色再生金属有限公司	放弃

续表

序号	名称	申请号	申请日	申请人	法律状态
4	一种带极板挑选功能的铜电解残极洗涤机组	CN201220081335.7	2012-03-07	广西有色再生金属有限公司	权利终止
5	一种带极板挑选功能的铜电解残极洗涤机组	CN201210057111.7	2012-03-07	广西有色再生金属有限公司	撤回
6	利用铜电解残阳极做阴极的铜电解液脱铜方法及其装置	CN201310081537.0	2013-03-14	广西有色再生金属有限公司	撤回

从表6-3可知，目前广西有色再生金属有限公司申请的相关专利均处于失效状态。

目前，广西有色再生金属有限公司只剩2件专利有效，合并同族后为1项。该专利为"富氧燃烧器"发明专利，由广西有色再生金属有限公司和中国瑞林工程技术有限公司于2013年9月共同申请（申请号为CN201310420786.8），授权时间是2015年12月，是广西有色再生金属有限公司申请时间最晚和授权时间最晚的发明专利。

6.2.4 来宾华锡冶炼有限公司

来宾华锡冶炼有限公司位于广西中部来宾市兴宾区，是一家大型国有有色金属综合冶炼企业，隶属于广西华锡集团股份有限公司。现有锡冶炼和铟锌冶炼两大系统，主要产品有锡锭、铟锭、锌锭、镉锭、合金、焊料、硫酸、硫酸锌、锌粉等。

该公司的主业并不是铜冶炼，因此该公司的专利主要集中在粗锡除铜渣工艺、硫酸锌溶液置换除铜镉、高铟高铜锌精矿处理等方面。从被引证次数看，这些专利之中除了一件名为"一种粗锡除铜渣的处理方法"的专利（申请号为CN201210377436.3）被引证7次外，其余专利的被引证次数均不多，而CN201210377436.3号专利现已失效。

6.2.5 梧州漓佳铜棒有限公司

梧州漓佳铜棒有限公司于2010年12月7日在梧州市工商行政管理局登记成立，法定代表人为谭永进，公司经营范围包括生产、加工、销售铜棒、铜管系列产品等，公司位于广西梧州市进口再生资源加工园区。

梧州漓佳铜棒有限公司是桂林漓佳金属有限责任公司旗下的全资子公司，而桂林漓佳金属有限责任公司是广西有色金属集团有限公司旗下企业。梧州漓佳铜棒有限公司铜冶炼领域专利申请及转让状况如表6-4所示。

表6-4 梧州漓佳铜棒有限公司铜冶炼领域专利申请及转让状况

序号	名称	申请号	申请日	申请人	受让人	法律状态
1	废杂铜冶炼粗铜的配料及冶炼方法	CN201310579032.7	2013-11-18	梧州漓佳铜棒有限公司	海安县鹰球粉末冶金有限公司	授权
2	铜阳极板泡洗液的循环利用装置及方法	CN201310406517.6	2013-09-09	梧州漓佳铜棒有限公司	重庆潼双机械制造有限公司	授权
3	废杂铜火法精炼的配料及冶炼方法	CN201310406520.8	2013-09-09	梧州漓佳铜棒有限公司	南通瑞普埃尔生物工程有限公司、钟文华	授权
4	一种电解液的脱铜装置及方法	CN201310578886.3	2013-11-18	梧州漓佳铜棒有限公司		撤回

从表6-4可知，虽然梧州漓佳铜棒有限公司是广西有色金属集团有限公司的孙公司，但是该公司的专利申请活动并没受到太多负面影响。该公司在铜冶炼领域共提交了4项发明专利申请，其中3项获得了授权，并且全部进行了转让，实现了较好的经济效益。

6.2.6 自然人张圆圆

自然人张圆圆的 3 项专利申请涉及铜废液或铜屑回收铜的方法。从专利申请的权利要求书和说明书来看,其技术的先进性一般。

6.2.7 桂林漓佳金属有限责任公司

桂林漓佳金属有限责任公司成立于 1976 年,是中国有色金属加工业协会理事单位、国家高新技术企业、广西出口重点企业,坐落于桂林国家高新产业开发区铁山工业园内,占地 300 余亩。公司坚持"特、新、异、精"的产品发展方向,积累了丰富的铜及铜合金产品的研究、生产经验,主要产品为各种牌号的铜及铜合金管、棒、排材和铸锭,具备生产 30 余种牌号铜合金、上千种规格产品的能力。桂林漓佳金属有限责任公司是广西有色金属集团有限公司旗下唯一的铜加工企业。该公司在铜冶炼领域申请专利的具体情况如表 6-5 所示。

表 6-5 桂林漓佳金属有限责任公司铜冶炼领域专利申请状况

序号	名称	申请号	申请日	申请人	法律状态
1	熔炼白铜的有芯感应电炉的筑炉及烘炉工艺	CN201110197771.0	2011-07-15	桂林漓佳金属有限责任公司	授权
2	熔炼白铜的有芯感应电炉的筑炉工艺	CN201310151936.X	2011-07-15	桂林漓佳金属有限责任公司	撤回

从表 6-5 可知,桂林漓佳金属有限责任公司的相关专利申请都涉及熔炼白铜电炉的筑炉及烘炉工艺。

6.3 申请专利技术状况分析

广西铜冶炼领域申请专利技术状况如表 6-6 所示。

表 6-6　广西铜冶炼领域申请专利技术状况

单位：件

IPC 分类号	分类号含义	专利申请数量
C22B	金属精炼	36
B03D	浮选工艺	17
C25C	电解法生产	11
B03B	选矿方法	7
C04B	矿渣处理	4

从表 6-6 可知，广西在铜冶炼领域的专利申请主要集中在金属精炼、浮选工艺、电解法生产等方面，具体情况如下。

6.3.1　C22B——金属精炼方面

该领域的专利申请共有 36 项（合并同族为 28 项），目前该领域的专利申请主要集中在硫酸锌溶液置换除铜镉，废杂铜冶炼或粗铜、废杂铜阳极泥回收贵金属，杂铜冶炼炉，烟灰处理方法等方面，这与广西目前铜矿分布情况和铜冶炼企业生产情况相对应。

该领域主要的专利申请人包括来宾华锡冶炼有限公司、岑溪市东正动力科技开发有限公司、广西有色再生金属有限公司、张圆圆、中国有色集团（广西）平桂飞碟股份有限公司、广西大学、桂林理工大学、梧州漓佳铜棒有限公司等。具体的专利申请状况如表 6-7 所示。

表 6-7　金属精炼方面专利申请状况

序号	名称	申请号	申请日	申请人	法律状态
1	回收废杂铜阳极泥中有价金属的方法	CN201410269458.7	2014-06-16	岑溪市东正动力科技开发有限公司	授权
2	废杂铜冶炼炉	CN201510121027.0	2015-03-19	岑溪市东正动力科技开发有限公司	实质审查

续表

序号	名称	申请号	申请日	申请人	法律状态
3	废杂铜的冶炼方法	CN201510121854.X	2015-03-19	岑溪市东正动力科技开发有限公司	实质审查
4	一种回转式阳极炉冶炼高品位废杂铜的方法	CN201510122318.1	2015-03-19	岑溪市东正动力科技开发有限公司	授权
5	从废杂铜阳极泥中回收铅锡合金的方法	CN201410267768.5	2014-06-16	岑溪市东正动力科技开发有限公司	授权
6	一种低品位废杂铜的冶炼方法	CN201510122333.6	2015-03-19	岑溪市东正动力科技开发有限公司	授权
7	一种铜熔炼炉烟灰的处理方法	CN201410712891.3	2014-12-02	广西大学	撤回
8	一种铜熔炼炉烟灰的资源化处理方法	CN201410766599.X	2014-12-11	广西大学	撤回
9	一种从塑料镀件中回收铜和镍的方法	CN201510633439.2	2015-09-29	广西银亿再生资源有限公司、广西银亿科技矿冶有限公司	实质审查
10	一种冶炼杂铜的精炼摇炉	CN201220086022.0	2012-03-09	广西有色再生金属有限公司	放弃
11	一种冶炼杂铜的精炼摇炉及其冶炼方法	CN201210060435.6	2012-03-09	广西有色再生金属有限公司	权利终止
12	一种铜精矿直接生产粗铜的方法	CN201510548393.4	2015-08-31	桂林昌鑫机械制造有限公司	实质审查
13	一种从高铟氧粉酸浸渣中浸出铜、锌和铅的方法	CN201410000024.7	2014-01-01	桂林理工大学	授权

续表

序号	名称	申请号	申请日	申请人	法律状态
14	一种粗锡除铜渣的处理方法	CN201210377436.3	2012-10-08	来宾华锡冶炼有限公司	撤回
15	一种粗锡除铜渣直接酸性氧压浸出处理方法	CN201210377415.1	2012-10-08	来宾华锡冶炼有限公司	撤回
16	一种高铟高铜锌精矿的处理方法	CN201310681855.0	2013-12-13	来宾华锡冶炼有限公司	授权
17	废杂铜冶炼粗铜的配料及冶炼方法	CN201310579032.7	2013-11-18	梧州漓佳铜棒有限公司	授权
18	废杂铜火法精炼的配料及冶炼方法	CN201310406520.8	2013-09-09	梧州漓佳铜棒有限公司	授权

从表6-7可知，岑溪市东正动力科技开发有限公司在铜精炼方面的创新能力不错，相关专利也符合广西铜矿业发展的现实需求，而且相关专利都保持有效状态，表明该公司比较重视专利的维护管理。

广西大学在铜精炼领域的研发能力较强，但是两项相关专利申请都已被视为撤回，表明相关技术在可专利性方面可能存在一定问题。

广西有色再生金属有限公司自行放弃实用新型专利（申请号为CN201220086022.0）是为了避免重复授权，对应的发明专利为"一种冶炼杂铜的精炼摇炉及其冶炼方法"（申请号为CN201210060435.6）。2014年2月，该发明专利变为广西有色再生金属有限公司和中国瑞林工程技术有限公司共有，同时，该专利的发明人从申请时的李赋屏、黄雁、范翔、陈波、邓敏隶、周瑞生、张兴勇，变更为袁剑平、李赋屏、胡俊、黄雁、唐斌、范翔、刘振民、邓敏隶、周瑞生、张兴勇，后增加的袁剑平、胡俊、刘振民等发明人均为中国瑞林工程技术有限公司的员工。但令人遗憾的是，该专利于2015年因未按时缴纳年费而失效了。

来宾华锡冶炼有限公司的专利申请主要集中在湿法浸出铜方面，从授权情况看，该公司在相关领域的研发实力可能一般。

梧州漓佳铜棒有限公司在废杂铜火法冶炼方面的创新能力较强，相关发明专利比较先进，目前均处于有效状态。

6.3.2 B03D——浮选工艺方面

该领域的专利申请共有17项（合并同族后为12项），主要涉及捕收剂及其制备、抑制剂及其制备等方面。其中，所谓捕收剂，是指改变矿物表面疏水性，使浮游的矿粒黏附于气泡上的浮选药剂。目前国内外硫化铜的浮选回收一般都是采用硫酸或硫酸铜先活化，然后加黄药、黑药、硫氮等进行浮选捕收，硫化矿的浮选回收率在85%~92%之间，捕收效果较为理想。所谓抑制剂，又称为缓聚剂，是阻滞或降低化学反应速度的物质，作用与负催化剂相同，它不能停止聚合反应，只是减缓聚合反应，借以抑制或缓和化学反应。例如，对于黄铜矿与砷黝铜矿共存的铜精矿，在需降低铜精矿中砷含量时会用到一种抑制剂（具体涉及专利的申请号为CN201510227138.X）。

广西大学在捕收剂及其制备、抑制剂及其制备等方面的研发能力令人瞩目，该校在该领域共提交了14项专利申请，涉及捕收剂技术的专利申请有7项，涉及抑制剂技术的专利申请有8项。其中，一项名称为"一种氯铜矿与硅钙质矿物浮选分离方法"的专利申请（申请号为CN201510227200.5）同时涉及捕收剂和抑制剂技术。该方法采用酸性水玻璃、六偏磷酸钠及栲胶作为硅钙质矿物的抑制剂，用碳酸钠作为pH调整剂，用硫化钠、硫酸铜作为氯铜矿的活化剂，用十八胺及油酸钠作为氯铜矿的捕收剂。采用该方法能够有效将氯铜矿与硅钙质矿物浮选分离，在给矿铜含量为6.93%~8.76%的条件下，经过一次粗选、三次扫选、两次精选，可以获得铜含量为42.26%~46.59%、回收率为72.67%~77.60%的氯铜矿精矿。

虽然广西大学在捕收剂和抑制剂方面的技术处于国内领先水平，但是相关专利并没有实现转让或许可，而且还有4件发明专利（合并同族后为2项）因未缴纳年费而失效，这表明广西大学应该加强专利转让应用和维护管理工作。

6.3.3 C25C——电解法生产方面

该领域的专利申请共有 11 项（合并同族后为 10 项），主要涉及电解用阳极板设备、电解液炼铜处理、废蚀刻液炼铜等方面。

该领域主要的专利申请人包括广西有色再生金属有限公司、广西南宁市蓝天电极材料有限公司、梧州漓佳铜棒有限公司、岑溪市东正动力科技开发有限公司等。从专利的被引用率来看，该领域专利技术的先进性一般。

该领域有 3 件专利实现了转让，一件是梧州漓佳铜棒有限公司申请的名为"铜阳极板泡洗液的循环利用装置及方法"的专利（申请号为 CN201310406517.6），该专利于 2015 年 11 月转让给了重庆潼双机械制造有限公司。另外两件为同一发明创造，专利名称为"一种带极板挑选功能的铜电解残极洗涤机组"（实用新型专利申请号为 CN201220081335.7，发明专利申请号为 CN201210057111.7），这两件专利均为广西有色再生金属有限公司于 2012 年 3 月 7 日申请，2014 年 3 月这两件专利的申请人变更为广西有色再生金属有限公司和中国瑞林工程技术有限公司，但是这两件专利于 2015 年 3 月因未缴纳年费而失效。

6.3.4 B03B——选矿方法方面

广西在该领域的技术实力一般，专利申请数量不多，具体情况如表 6-8 所示。

表 6-8 选矿方法方面专利申请状况

序号	名称	申请号	申请日	申请人	法律状态
1	一种铜精矿选矿的方法	CN201410224671.6	2014-05-26	范振捷	授权
2	一种分离铜钼矿物的抑制剂及其制备方法和应用	CN201010275650.9	2010-09-08	广西大学	权利终止
3	一种高碳高泥铜铅硫化矿的选矿方法	CN201610930844.5	2016-10-29	广西冶金研究院有限公司	实质审查

续表

序号	名称	申请号	申请日	申请人	法律状态
4	含滑石等硅质矿物较高的高硫铜矿石选铜工艺	CN201010190977.6	2010-06-03	广西现代职业技术学院	撤回
5	一种硫化铜镍矿的选矿工艺	CN201611192840.8	2016-12-21	广西睿桂涵农业有限公司	实质审查
6	一种从硫化铜镍矿石洗矿水中回收镍金属的方法	CN201310570921.7	2013-11-13	灌阳县贵达有色金属有限公司	驳回

从表 6-8 可知，广西大学在选矿时使用的抑制剂方面具备一定的研发实力，但是相关专利因为未按时缴纳年费而失效。广西现代职业技术学院和灌阳县贵达有色金属有限公司申请专利的技术可能在创新性方面存在一定问题。

6.3.5 C04B——矿渣处理方面

广西在矿渣处理方面的技术研发实力不太强，具体的专利申请状况如表 6-9 所示。

表 6-9 矿渣处理方面申请专利状况

序号	名称	申请号	申请日	申请人	法律状态
1	熔炼白铜的有芯感应电炉的筑炉及烘炉工艺	CN201110197771.0	2011-07-15	桂林漓佳金属有限责任公司	授权
2	一种铜尾砂和电石渣资源化再利用的方法	CN201610588167.3	2016-07-25	广西云吉环保科技有限公司	实质审查
3	熔炼白铜的有芯感应电炉的筑炉工艺	CN201310151936.X	2011-07-15	桂林漓佳金属有限责任公司	撤回

从表 6-9 可知，桂林漓佳金属有限责任公司在熔炼白铜的有芯感应电炉的筑炉工艺方面有较强的研发实力；广西云吉环保科技有限公司申请专利的技术涉及环保、资源回收等方面，符合铜冶炼技术发展的趋势。

6.4 专利法律状况分析

广西铜冶炼领域专利法律状况如表 6-10 所示。

表 6-10 广西铜冶炼领域专利法律状况

单位：件

法律状况	专利数量
有效	31
失效	24
审中	18

从表 6-10 可知，广西在铜冶炼领域的失效专利较多，其中广西有色再生金属有限公司有 7 件失效专利，广西大学有 6 件失效专利。广西有色再生金属有限公司及其母公司曾面临重大发展困境，因此其专利很难维护周全。广西大学有 4 件发明专利（2 项专利族）是因未缴纳年费而失效的，分别是"一种分离铜钼矿物的抑制剂及其制备方法和应用"（申请号为 CN201010275650.9）、"一种硫化铜锌矿物浮选分离抑制剂的制备方法及其应用"（申请号为 CN201010275649.6）等，表明广西大学在专利维护管理方面存在一定问题。

值得关注的是广西地博矿业集团股份有限公司，该公司是浙江资本在广西壮族自治区内设立的一家以矿业投资和矿产开发为主业、以地质矿产勘查及相关技术服务为辅的专业黄金勘查、开采企业，2009 年被授予广西壮族自治区"高新技术企业"称号。公司注册资本 10200 万元，拥有固体矿产勘查乙级及坑探施工丙级资质，可承揽矿山勘查、矿权登记、矿山地质和矿产储量报告编写与评审等技术服务工作。该公司一项名称为"富氧节能铜吹炼反射炉"的专利申请（申请号为 CN201320027911.4），于 2013

年 8 月获得实用新型专利授权,但 2016 年 3 月因未缴纳年费而失效。

经检索发现,该公司的专利申请共有 43 项(合并同族后为 38 项),获得授权的专利中只有一项名为"含炭铅锌矿的浮选方法及其除炭抑制剂"的专利(申请号为 CN201010521487.X)保持有效状态,剩余的专利全部是失效状态,失效原因都是未按时缴纳年费。这些失效专利可能具有较大的借鉴和使用价值,广西相关企业应予以一定关注。

6.5 专利转让状况分析

广西铜冶炼领域专利转让状况如表 6-11 所示。

表 6-11 广西铜冶炼领域专利转让状况

序号	名称	申请号	申请日	申请人	受让人	法律状态
1	回收废杂铜阳极泥中有价金属的方法	CN201410269458.7	2014-06-16	岑溪市东正动力科技开发有限公司	大余明发矿业有限公司	授权
2	从废杂铜阳极泥中回收铅锡合金的方法	CN201410267768.5	2014-06-16	岑溪市东正动力科技开发有限公司	永兴县星城金属有限责任公司	授权
3	一种低品位废杂铜的冶炼方法	CN201510122333.6	2015-03-19	岑溪市东正动力科技开发有限公司	谢彩红	授权
4	一种回转式阳极炉冶炼高品位废杂铜的方法	CN201510122318.1	2015-03-19	岑溪市东正动力科技开发有限公司	江苏华威铜业有限公司	授权
5	一种铜精矿选矿的方法	CN201410224671.6	2014-05-26	范振捷	广东高航知识产权运营有限公司、重庆文润科技有限公司	授权

续表

序号	名称	申请号	申请日	申请人	受让人	法律状态
6	一种冶炼杂铜的精炼摇炉	CN201220086022.0	2012-03-09	广西有色再生金属有限公司	广西有色再生金属有限公司、中国瑞林工程技术有限公司	放弃
7	一种带极板挑选功能的铜电解残极洗涤机组	CN201220081335.7	2012-03-07	广西有色再生金属有限公司	广西有色再生金属有限公司、中国瑞林工程技术有限公司	权利终止
8	一种冶炼杂铜的精炼摇炉及其冶炼方法	CN201210060435.6	2012-03-09	广西有色再生金属有限公司、中国瑞林工程技术有限公司	广西有色再生金属有限公司、中国瑞林工程技术有限公司	权利终止
9	废杂铜冶炼粗铜的配料及冶炼方法	CN201310579032.7	2013-11-18	梧州漓佳铜棒有限公司	海安县鹰球粉末冶金有限公司	授权
10	铜阳极板泡洗液的循环利用装置及方法	CN201310406517.6	2013-09-09	梧州漓佳铜棒有限公司	重庆潼双机械制造有限公司	授权
11	废杂铜火法精炼的配料及冶炼方法	CN201310406520.8	2013-09-09	梧州漓佳铜棒有限公司	南通瑞普埃尔生物工程有限公司、钟文华	授权

从表6-11可知，大部分专利都保持有效状态，表明相关专利应该具有一定的价值和先进性。失效专利均为广西有色再生金属有限公司转让（部分）给中国瑞林工程技术有限公司的专利。岑溪市东正动力科技开发有限公司申请的4项发明专利实现了转让，说明该公司具有较强的技术创新能力。与岑溪市东正动力科技开发有限公司情况类似的是梧州漓佳铜棒有限公司，该公司成功转让了13件专利。

经检索发现，广西在铜冶炼领域申请的专利没有许可的情况发生，也没有被申请无效或被侵权的情况，表明广西相关专利的技术价值和影响力还比较有限，广西的相关单位（特别是广西的高校）应当加强技术的创新和推广工作。

第7章 发展建议

鉴于广西铝、铜冶炼产业的专利布局情况，本书提出以下发展建议。

7.1 保存实力，伺机待发

目前广西有色再生金属有限公司及其控股母公司广西有色金属集团公司都已宣告破产，龙头企业的破产必然会给广西的有色金属冶炼产业带来严重的负面影响。正所谓"覆巢之下，焉有完卵"，困境中的广西有色再生金属有限公司很难再对自身的专利资产进行良好的维护和管理，因此该公司专利的失效率极高。该公司的专利申请状况如表7-1所示。

表7-1 广西有色再生金属有限公司专利申请状况

序号	名称	申请号	申请人	法律状态	发明人
1	废杂铜水平连铸生产铜棒合金材料的方法	CN201310029489.0	梧州漓佳铜棒有限公司、广西有色再生金属有限公司、桂林漓佳铜棒有限公司、	权利终止	王红卫、钟文华、王锦、义求正、陈艳梅、刘建生、邓明、蔡阳中、黎宙红
2	低品位杂铜冶炼烟气净化、余热回收装置及其控制方法	CN201210409295.9	广西有色再生金属有限公司、中国瑞林工程技术有限公司	撤回	黄斌、陈波、周瑞生、涂建华、王伟、肖会勇、付晓光、孙宝华、周荣欢、杨平

续表

序号	名称	申请号	申请人	法律状态	发明人
3	顶吹转炉烘炉燃烧装置	CN201220081332.3	广西有色再生金属有限公司	权利终止	黄雁、陈波、周瑞生、邓敏隶、段志良、王伟、黄健喜
4	一种中心驱动的双模圆盘浇铸机及其浇铸方法	CN201210409294.4	广西有色再生金属有限公司、中国瑞林工程技术有限公司	撤回	黄雁、陆军、邓敏隶、汪火根、张兴勇、丁慧、蒋琨、魏振
5	利用双模圆盘浇铸机中间包浇铸阳极铜模的装置及其浇铸方法	CN201310122587.9	广西有色再生金属有限公司	撤回	黄雁、邓敏隶、钟文华、张兴勇、刘森、刘冰
6	一种冶炼杂铜的精炼摇炉	CN201220086022.0	广西有色再生金属有限公司	放弃	李赋屏、黄雁、范翔、陈波、邓敏隶、周瑞生、张兴勇
7	一种冶炼杂铜的精炼摇炉及其冶炼方法	CN201210060435.6	广西有色再生金属有限公司、中国瑞林工程技术有限公司	权利终止	袁剑平、李赋屏、胡俊、黄雁、唐斌、范翔、刘振民、邓敏隶、周瑞生、张兴勇
8	一种带极板挑选功能的铜电解残极洗涤机组	CN201210057111.7	广西有色再生金属有限公司	撤回	黄斌、柳彦、邓爱民、陈波、朱彦兴、周卫星
9	顶吹转炉烘炉燃烧装置	CN201210057101.3	广西有色再生金属有限公司	撤回	黄雁、陈波、周瑞生、邓敏隶、段志良、王伟、黄健喜
10	一种带极板挑选功能的铜电解残极洗涤机组	CN201220081335.7	广西有色再生金属有限公司	权利终止	黄斌、柳彦、邓爱民、陈波、朱彦兴、周卫星

续表

序号	名称	申请号	申请人	法律状态	发明人
11	废杂铜水平连铸生产铜棒合金材料的方法	CN201310029489.0	梧州漓佳铜棒有限公司、广西有色再生金属有限公司、桂林漓佳铜棒有限公司	权利终止	王红卫、钟文华、王锦、义求正、陈艳梅、刘建生、邓明、蔡阳中、黎宙红
12	富氧燃烧器的使用方法	CN201310420786.8	广西有色再生金属有限公司、中国瑞林工程技术有限公司	授权	李赋屏、黄斌、范翔、袁剑平、欧福文、胡俊、王伟、肖会勇

不管将来承继广西有色再生金属有限公司事业的企业如何发展，广西本土的铜冶炼和再生铜产业，以及专利技术成果和创新人才都会是东山再起的重要资本。

7.2 他山之石，可以攻玉

如上文所述，广西在铝、铜冶炼领域申请专利的表现远逊于国内经济强省（市）和资源大省，在核心技术掌握情况、专利数量和质量等方面与区外强省（市）相比差距明显。要充分发挥后发优势，缩短技术差距和赶超区外强省（市），广西的有色金属企业亟须认真借鉴和研究相关先进的专利技术，避免重复研究，提高自身的研发起点。

根据世界知识产权组织（WIPO）的统计结果，如果将专利文献信息应用在研究开发活动中，可以节约40%的科研经费与60%的研究开发时间。本书对铝、铜冶炼领域涉及熔炼炉及其设备、电解槽设计及配套设备、火法冶炼、湿法冶炼、浮选技术、浸出工艺、"三废"处理、新材料和新工艺等方面的专利进行了介绍和分析，对相关领域的专利申请人、重要科学家和发明人，以及重大科研项目、重大冶炼工程项目、重要评奖项目等进行了全面梳理，涉及的相关专利具有较高的研究和使用价值，并且其中较大比重的专利现已失效，广西相关企业可以没有法律风险地加以借鉴和使用。

例如，广西铝冶炼和加工企业应该高度关注以下几项专利或科研项目。

2013年由河北钢铁集团承钢公司承担的国家科技支撑计划项目"钒系列合金材料高效制备及产业化技术研究"，在钒合金材料制备技术方面取得突破性进展，其创新工艺"电铝热法"生产钒铝合金技术为世界首创，成功冶炼出航空航天终端用55钒铝合金（含钒55%的钒合金），产品达到世界钒铝合金生产领军企业——德国GFE公司制定的55钒铝合金产品标准，并摸索出多项工艺参数，为下一步建立工业生产线奠定了坚实基础，这一技术突破有望改变我国航空航天级钒铝合金长期依赖进口的局面。该公司承德分公司申请的专利——"电铝热法冶炼钒铝合金的方法"（申请号为CN201210357559.0）涉及上述技术。

攀钢集团攀枝花钢铁研究院有限公司也能制备出宇航级的钒铝合金，并申请了专利（申请号为CN201410065632.6）。

法国肯联铝业公司在分步结晶解析法方面申请了一件名为"来自航空工业的铝合金废料的回收方法"的专利（申请号为CN200780023435.6）。

上述专利技术对于广西铝业公司进军国产大飞机等重大专项意义重大，可以成为广西相关企业重点研究的对象。

7.3 引以为戒，防微杜渐

如上文所述，国内相关大型企业、高等院校或科研院所在专利管理和维护方面可能存在一定的问题，具体如下。

（1）大型企业存在专利管理不善的问题。例如，大型国企金川集团公司的镍铜硫化物生物冶金提取技术、高镍精矿自热熔炼–电解铜技术、铜钴矿提取冶金技术等是具有国内领先水平的核心技术，但是金川集团涉及上述技术的专利大都处于失效状态。又如，河南中孚实业股份有限公司申请的专利基本上都与铝电解槽有关，但是该公司专利的失效率高达76.8%，其中大部分是授权后未按时缴纳年费而失效的。

（2）高校存在专利管理不善的问题。例如，桂林理工大学在铝冶炼领域申请的专利主要涉及氧化铝（陶瓷）和镁铝尖晶石复相材料的制备工艺，其中有两件涉及耐磨氧化铝陶瓷的制备方法的专利（申请号为CN201210259797.8和CN201310117498.5）较为先进，各被引证了8次。从专利维护和管理上看，该校有较多专利处于失效状态。

（3）科研院所存在专利管理不善的问题。例如，广西壮族自治区农业机械研究所（院）在阳极爪工艺等方面申请了8件专利（合并同族后为6项），其中一件名为"一种铝电解槽用钢壳铝芯横梁阳极爪"的专利（申请号为CN200420049012.5）还经受住了专利请求无效的考验，但令人遗憾的是，相关专利都因为未按时缴纳年费而失效了，表明该单位在专利维护和管理方面存在较大漏洞。

上述单位未按时缴纳年费的主要原因可能在于专利保护意识不够、管理不到位等。广西在铝、铜冶炼领域的专利数量与区外强省（市）相比本就差距明显，若再因管理不善而导致宝贵的本土专利资产"非战斗减员"，则无疑是雪上加霜。

7.4 按图索骥，谋求合作

广西在铝、铜冶炼领域的技术实力相对落后，因此应挖掘、寻找和整合区内外优质的创新资源，通过合作研发、技术转让或专利许可等方式，有效提高广西的研发水平和创新能力。具体方式如下。

（1）与国内大型企业开展合作。例如，中国恩菲工程技术有限公司与广西银亿科技矿冶有限公司存在业务合作关系，前者将一项名为"从矿石中综合回收镍、铜、钴、硫和镁的工艺"的专利许可给了广西银亿。两公司还申请过两项涉及镍矿浸出的专利（申请号为CN200810225896.8和CN200810225895.3），两公司的合作可以说是广西本土企业与区外大型国企合作的典范。

（2）与区外高校或科研院所开展合作。例如，上海交通大学在铝冶炼领域的专利主要集中在去除铝合金杂质、铝熔体喷雾除氢、高纯铝提纯、介孔氧化铝制备方法等方面,且较多专利进行了转让或许可,广西相关企业可考虑与该校开展合作。又如,中南大学、浙江大学、天津大学、昆明理工大学、西北工业大学和广州有色金属研究院等在铜冶炼方面具有较强的研发实力,广西企业可以考虑从上述单位引进先进的铜冶炼专利技术。再如,沈阳铝镁设计研究院在铝电解方面的研发能力很强,拥有预焙阳极铝电解槽以及槽壳的研制和使用方法、烟气净化等技术,并且该院在该领域的专利存在较多转让和许可的案例,广西相关企业可以重点关注该院的相关专利。

(3)与区内企业开展合作。例如,广西百色银海铝业有限责任公司在阳极钢爪、电解槽的结构、电解槽的阳极和电解槽供电装置等方面拥有很强的研发实力,该公司和广西强强碳素股份有限公司共同申请了一件名为"用于铝电解的开槽碳阳极"的专利(申请号为CN201020194121.1)。这种广西同行企业之间的横向合作并不多见,广西应该加强这方面的合作,从而提高广西企业在铝冶炼方面的整体技术实力。

(4)与区内高校或科研院所开展合作。例如,广西师范大学在铝冶炼领域的专利申请主要集中在铝电解用碳素阳极抗氧化涂层方面,相关专利申请都获得了授权。目前,除了广西师范大学在该领域申请了专利之外,中国铝业股份有限公司也分别与中南大学、东北大学共同申请了类似专利,可见该类专利技术较为先进,广西师范大学在该领域的研发能力也较强,广西相关企业应该与该校加强合作。

7.5 学以致用,促进转化

通过专利转让、许可和共同申请人等维度可以看出,区外的相关高校和科研院所对当地有色金属冶炼产业的发展起到了重要的推动作用。例如,东北大学以及东北大学设计研究院、中南大学、昆明理工大学、上海交通大学、广州有色金属研究院等与当地企业开展的产学研合作卓有成效;又如，贵阳铝镁设计研究院和贵阳铝镁设计研究院有限公司、沈阳铝镁设计研究院和沈阳铝镁设计研究院有限公司对中国铝业公司的研发工作和技术创新起到了至关重要的作用。

但是广西高校对本土企业的反哺和促进作用明显乏力。例如，在铜冶炼领域，广西大学在捕收剂及其制备、抑制剂及其制备等方面的研发能力处于国内领先水平，该校在该领域申请了多项专利，但是相关专利均为广西大学单独申请，也没有对外进行任何许可或转让，这极其不利于发挥先进技术的溢出效应。

除了广西大学之外，广西政府还应该支持和促进广西其他高校开展技术创新成果的转化。例如，广西师范大学的李庆余老师成功开发了"常温固化铝电解用TiB2阴极涂层技术"等，2003年获中国有色金属工业科学技术奖二等奖，相关专利包括"铝电解用碳素阳极抗氧化层及其涂覆方法"（申请号为CN200710050551.9）、"一种铝电解用碳素阳极抗氧化层及其涂覆方法"（申请号为CN200710050550.4）等，广西政府应该对这些专利的转化和推广加以引导和资助。

参考文献

[1] 艾光华. 铜矿选矿技术与实践 [M]. 北京：冶金工业出版社，2017.

[2] 百色市地方志编纂委员会. 百色年鉴 2017 [M]. 南宁：广西人民出版社，2018.

[3]《百色年鉴》编纂委员会. 百色年鉴 2011—2012 [M]. 南宁：广西人民出版社，2015.

[4] 蔡斌彬，陈帆，刘杰，等. 广西铝工业发展面临的环境问题及其对策建议 [J]. 中国矿业，2011，20（11）：49-52.

[5] 陈宗立. 金川公司：坚持自主创新 实现跨越发展 [N]. 光明日报，2005-11-24.

[6] 迟宇. 聚焦中国瑞林工程技术有限公司 [J]. 矿业装备，2011（9）：40-41.

[7] 丛笙. 金川公司技术实力跃居世界同行前列 [N]. 中国有色金属报，2007-03-17.

[8] 翟秀静. 重金属冶金学 [M]. 北京：冶金工业出版社，2011.

[9] 董英，王吉坤，冯桂林. 常用有色金属资源开发与加工 [M]. 北京：冶金工业出版社，2005.

[10] 段江涛，李思鉴. 电解铝相关技术专利竞争态势分析 [J]. 现代情报，2012，32（5）：122-126，139.

[11] 二银. 国内冶金动态 [J]. 中国有色冶金，2006（3）：62-66.

[12] 冯桂林，何蔼平. 有色金属矿产资源的开发及加工技术：提取冶金部分 [M]. 昆明：云南科学技术出版社，2000.

［13］付伟岸. 现代铜电解工艺的研究现状及发展趋势［J］. 低碳世界，2015（24）：248-249.

［14］工业和信息化部信息化推进司，工业和信息化部电子科学技术情报研究所. 工业企业信息化和工业化融合评估研究与实践（2011）［M］. 北京：电子工业出版社，2012.

［15］华一新. 有色冶金概论［M］. 3版. 北京：冶金工业出版社，2014.

［16］贾临芳，梁丹. 普通化学实验［M］. 北京：中国林业出版社，2016.

［17］姜恩. 浅谈氧气底吹技术在有色冶炼领域的研发与应用［N］. 中国知识产权报，2017-09-06.

［18］蒋继穆. 氧气底吹技术在有色冶金的研发与应用［N］. 科技日报，2016-03-09.

［19］李福德，高久江. 百色铝光灿烂：百色市全面贯彻科学发展观做大做强铝工业纪实［J］. 今日南国，2007（19）：6-9.

［20］李赋屏，周永生，黄斌，等. 铜论［M］. 北京：科学出版社，2012.

［21］李继文，谢敬佩，杨涤心. 现代冶金新技术［M］. 北京：科学出版社，2010.

［22］李坚. 轻稀贵金属冶金学［M］. 北京：冶金工业出版社，2018.

［23］李劼，滕明珺. 中南大学冶金工程学科发展史（1952—2012）［M］. 长沙：中南大学出版社，2012.

［24］李远兵，李淑静，李亚伟. 铝工业固体废弃物综合利用［M］. 北京：冶金工业出版社，2015.

［25］梁帅表. 氧气斜吹旋转转炉处理铜阳极泥的工艺设计［J］. 中国有色冶金，2011，40（4）：11-14.

［26］刘丰. 铜冶炼污酸处理技术现状及发展趋势［J］. 世界有色金属，2018（1）：27，29.

［27］刘立斌. 我国铝产业发展现状与展望［N］. 期货日报，2012-11-26.

［28］刘梦飞，李兵. 中国恩菲：氧气底吹冶炼技术擎起"中国创新"的旗帜［J］. 中国有色金属，2015（8）：86-89.

［29］刘效良，王方汉，阳宁.中国矿业概览［M］.中国矿业概览编辑部，2006.

［30］罗星，白洋，敖春平.三层液法75KA精铝电解生产节能实践［J］.山东工业技术，2014（20）：49.

［31］马天旗，郭大为，丁志新，等.专利分析：检索、可视化与报告撰写［M］.北京：知识产权出版社，2019.

［32］裴世红，张翔，王红心，等.湿法炼铜（生物菌浸出法）的近况及展望［J］.当代化工，2003，32（3）：166-168.

［33］彭容秋.重金属冶金学［M］.2版.长沙：中南大学出版社，2004.

［34］品牌中国战略规划院.品牌中国寻［M］.北京：九州出版社，2018.

［35］邱竹贤.有色金属冶金学［M］.沈阳：东北大学出版社，2001.

［36］曲胜利.黄金冶金新技术［M］.北京：冶金工业出版社，2018.

［37］石昌敏.某半导体工厂含铜废水的来源及处理［J］.环境保护前沿，2020（4）：564-568.

［38］苏超光，区晓文，曹义.书写广西铜传奇［N］.广西日报，2012-11-13.

［39］苏超光.广西来宾银海铝业项目投产［N］.广西日报，2009-05-13.

［40］孙亚飞，王守兴.聊城获铜冶炼领域首个中国专利金奖［N］.大众日报，2014-12-17.

［41］孙志敏，曹新胜，陈炜.铝及铝合金加工技术［M］.北京：冶金工业出版社，2013.

［42］王传钧，吴梦飞.祥光铜业一专利项目获中国专利奖金奖［N］.企业家日报，2014-12-01.

［43］王丹.我国太阳能电池应用研究获新进展［J］.功能材料信息，2013（4）：46-47.

［44］王吉坤.有色金属矿产资源的开发及加工技术［M］.昆明：云南科学技术出版社，2000.

［45］王举良，张林. KDON-32003200-Ⅵ空气分离设备的使用与改进［J］.中国有色冶金，2014，43（2）：61-63，82.

［46］王凯.梧州年鉴2009［M］.南宁：广西人民出版社，2010.

［47］王小龙，张昕红.铜阳极泥处理工艺的探讨［J］.矿冶，2005，14（4）：46-48.

［48］王竹泉，孙莹，孙建强.营运资金管理发展报告2015［M］.北京：中国财政经济出版社，2015.

［49］魏欣欣，林荔. Metsim软件在卡尔多炉处理铜阳极泥中的应用［J］.有色冶金设计与研究，2018，39（6）：55-58.

［50］文祺，霍自祥.全国重点大学报考指南［M］.北京：北京理工大学出版社，2017.

［51］文祺，刘艳，屈金华，等.2016年全国重点大学报考指南［M］.北京：北京理工大学出版社，2016.

［52］吴礼春，卫文英，中国铝业公司办公厅.崛起的中国铝业公司［M］.北京：冶金工业出版社，2004.

［53］肖纯.铜造锍熔炼工艺的选择及发展方向［J］.铜业工程，2006（4）：32-36.

［54］肖兴志，李少林.两岸新材料产业发展比较研究［M］.天津：南开大学出版社，2015.

［55］徐士尧，陈维平，万兵兵，等.废铝再生熔炼中铝渣的回收处理工艺进展［J］.特种铸造及有色合金，2016，36（9）：934-938.

［56］严峻.煤磨机噪声控制方案的选择设计与优化［J］.有色设备，2009（4）：33-35.

［57］颜非亚.三层液电解精炼法生产精铝［J］.铝镁通讯，2003（2）：49-51.

［58］杨光辉.精铝及铝精炼［J］.山西冶金，2005，28（2）：60-62.

［59］杨丽，许长海.浅述阳谷祥光铜业有限公司在信贷市场的竞争优势及其抗风险能力［J］.时代金融（中旬），2012（5）：87-89.

［60］余锋，昌苗苗，李香兰. 广西提前完成铝冶炼企业排污许可证核发［N］. 广西日报，2018-11-28.

［61］余志翠. 铜渣分选除铁条件试验研究［J］. 中国高新科技，2017，1（4）：5-6，21.

［62］张凤有，石鹏建，余舰. 2015年度全国毕业生就业50所典型经验高校经验汇编［M］. 北京：中国财政经济出版社，2017.

［63］张慧英，王宝林，陶平德，等. 铜电解PLC控制系统的设计与应用［J］. 自动化应用，2012（2）：1-3，29.

［64］张骥，朱锴，田冬梅，等. 安全科技概论［M］. 2版. 徐州：中国矿业大学出版社，2018.

［65］张伟. 金融业绿色转型研究：以金融业促进节能减排为例［M］. 北京：经济科学出版社，2014.

［66］章轲. 山东祥光铜业延伸产业链抗下滑风险［N］. 第一财经日报，2008-11-10.

［67］赵体茂，吴艳新. 双底吹连续炼铜工艺装备及产业化应用［J］. 世界有色金属，2015（12）：16-21.

［68］赵欣. 铜电解新技术的应用［J］. 有色冶金设计与研究，2008，29（4）：8-12.

［69］《真空世界 有色人生》编委会. 真空世界 有色人生［M］. 北京：冶金工业出版社，2009.

［70］郑佳，王旖旎，周思凡. 新材料［M］. 济南：山东科学技术出版社，2018.

［71］郑金兰. 地矿手记［M］. 北京：人民文学出版社，2019.

［72］中国大百科全书总编辑委员会. 中国大百科全书：矿冶［M］. 北京：中国大百科全书出版社，2002.

［73］中国电子信息产业发展研究院，刘文强. 2017—2018年中国原材料工业发展蓝皮书［M］. 北京：人民出版社，2018.

［74］中国电子信息产业发展研究院，卢山. 2017—2018年中国工业发

展蓝皮书［M］.北京：人民出版社，2018.

［75］中国恩菲：低碳熔炼的开拓者［N］.科技日报，2014-04-15.

［76］中国工程院科学道德建设委员会.工程科技的实践者：院士的人生与情怀［M］.北京：高等教育出版社，2010.

［77］中国国际科技促进会.中国科学技术奖励概览［M］.北京：中国科学技术出版社，2007.

［78］中国冶金百科全书总编辑委员会《有色金属冶金》卷编辑委员会，冶金工业出版社《中国冶金百科全书》编辑部.中国冶金百科全书：有色金属冶金［M］.北京：冶金工业出版社，1999.

［79］中国有色金属工业协会.中国有色金属工业年鉴2009［M］.北京：《中国有色金属工业年鉴》社，2010.

［80］中国有色金属工业协会.中国有色金属工业年鉴2010［M］.北京：《中国有色金属工业年鉴》社，2011.

［81］中国有色金属工业协会.中国铝业［M］.北京：冶金工业出版社，2013.

［82］钟永恒，王辉，刘佳.中国基础研究竞争力报告2018［M］.北京：科学出版社，2018.

［83］周松林，葛哲令.中国铜冶炼技术进步与发展趋势［J］.中国有色冶金，2014，43（5）：8-12，39.

［84］朱茂兰，熊家春，胡志彪，等.铜渣中铜铁资源化利用研究进展［J］.有色冶金设计与研究，2016，37（2）：15-17，27.

［85］朱云.冶金设备［M］.北京：冶金工业出版社，2009.

［86］朱云.冶金设备［M］.2版.北京：冶金工业出版社，2013.

［87］祝国梁，疏达，王俊，等.铝及其合金熔体中去除杂质硅元素的研究进展［J］.材料导报，2008，22（10）：61-65.